Assurance-vie, mode d'emploi

2002

Assurance-vie, mode d'emploi

Bernard Le Court

Docteur en droit, Bernard Le Court a travaillé pour de nombreux magazines de la presse économique et financière (« *Mieux Vivre votre Argent* », « *Investir* », le « *Revenu* », etc.).
Il s'occupe actuellement de la partie « finances personnelles » du site *www.lesechos.fr* et est rédacteur en chef adjoint de « *Investissement Conseils* ».

DELMAS
express

PARMI LES AUTRES TITRES DE LA COLLECTION DELMAS

ADOPTION, Delmas express, *1re éd.*
S. Grenier

ALLER AUX PRUD'HOMMES, Delmas express, *1re éd.*
S. Guérinot

ASSOCIATIONS, *9e éd.*
F. Lemeunier

DIVORCE, *16e éd.*
A. Daste

FAIRE GARDER SES ENFANTS À DOMICILE, *1re éd.*
M. Bühl

LA BOURSE, *14e éd.*
O. Picon

LE PACS, Delmas express, *1re éd.*
A. Aoun

LES NOUVEAUX DROITS DU PÈRE, Delmas express, *1re éd.*
C. Lienard

RÉGIMES MATRIMONIAUX ET CONTRATS DE MARIAGE, *9e éd.*
J. Champion

SUCCESSIONS, *19e éd.*
Ch. Taithe

TRANSMISSION DU PATRIMOINE, *12e éd.*
E. Riondet, H. Sédillot

VIVE LA SIGNATURE ÉLECTRONIQUE !, Delmas express, *1re éd.*
I. Renard

SERVICE RELATIONS CLIENTS
Tél. 08 20 80 00 17
Fax 01 40 64 89 90

ISBN 2 247 05083-2
ISSN 0750 3431
Dépôt légal : novembre 2002

DALLOZ

31-35 rue Froidevaux
75014 Paris
75685 PARIS CEDEX 14
Tél. 01 40 64 54 54
Fax 01 40 64 54 71

www.editions-delmas.com

Sommaire

Voilà donc un livre de plus traitant de l'assurance-vie ! Tant mieux, car rédigé par Bernard Le Court dont la connaissance du sujet va faire de ce livre une référence.

À côté des nombreux régimes sociaux de notre pays, parfois incertains dans leur financement, confrontés à un déséquilibre croissant entre cotisants et retraités, l'assurance-vie apparaît comme le grand système de protection sociale volontaire, librement consentie : elle est un acte de liberté et de responsabilité.

Premier vecteur d'investissement des ménages français depuis plusieurs années, avec aujourd'hui près de 700 milliards d'euros de réserves constituées, l'assurance-vie est cependant bien autre chose qu'une simple opération d'épargne. Parce que les entreprises d'assurance sont les seuls organismes à même de porter le risque viager, l'assurance-vie servira demain, au travers des contrats individuels comme par l'intermédiaire de ceux souscrits par les entreprises, un nombre croissant de compléments de revenu.

Le vieillissement de notre population va également faire prendre conscience de l'importance d'une protection financière pour faire face à l'éventualité d'une perte d'autonomie. Ici encore, l'assureur sera là pour fournir ses garanties, allégeant ainsi le coût social pour la collectivité, et améliorant la qualité de vie des bénéficiaires.

La retraite, la dépendance, la couverture des risques de décès prématurés ou d'invalidité, tous ces risques relèvent de la technique, de la compétence et du droit de l'assurance-vie. Leur complexité et leur diversité sont autant de raisons de s'intéresser à cet ouvrage pour y trouver une réponse à ses propres préoccupations, et préparer l'avenir de sa famille et le sien dans de meilleures conditions.

Claude FATH
Président de la Commission Plénière
des Assurances de Personne (FFSA)

I. Choisir son contrat

Plus de onze millions de contrats d'assurance-vie sont détenus en France par les particuliers. Une palette extrêmement large de contrats est proposée et il faut choisir entre plusieurs centaines de contrats celui ou ceux qui correspondent le mieux à sa situation ou à ses objectifs.
Avant de présenter les différentes familles de contrats, attardons-nous un moment sur ce qu'il faut savoir avant de choisir.

CE QU'IL FAUT SAVOIR AVANT DE FAIRE SON CHOIX

Les finalités de l'assuré peuvent être différentes

L'assurance-vie traditionnelle sert à se constituer un capital de protection, à réaliser des projets sur le moyen ou le long terme (achat d'une voiture, d'un logement), à préparer sa retraite, à se constituer un capital pour conserver son indépendance en cas de perte d'autonomie.
L'assurance-vie moderne garantit le versement, soit à l'assuré souscripteur d'un capital à l'échéance du contrat (sous différentes formes : retraits, rente viagère...), soit aux bénéficiaires désignés en cas de décès de cet assuré avant le terme du contrat. Elle apporte également de nombreuses possibilités de souplesse en cours de contrat (avances, retraits partiels).
Afin que vous puissiez sélectionner, de manière optimale le ou les contrats qui vous conviennent les mieux, voici les grandes règles qu'il faut connaître.

Tout savoir sur les assurés

L'enquête « Caractéristiques et motivations des souscripteurs des contrats d'assurance-vie en 2001 » de la Fédération Française des Sociétés d'Assurance (FFSA) nous livre le portrait type des assurés :

– **où vivent-ils ?** Leurs régions de prédilection sont, par ordre décroissant : l'Île de France, Rhône-Alpes, Provence-Alpes Côte-d'Azur et le Nord Pas-de-Calais;

– **à quel âge ouvrent-ils un contrat ?** En majorité, entre 50 à 80 ans; mais toutes les tranches d'âge sont représentées;

– **quelles sont leurs ressources ?** Le revenu brut annuel moyen des souscripteurs de contrats d'assurance-vie est de 28 203 €. Ce revenu est plus élevé pour les souscripteurs de contrats en unités de compte (30 185 €) et moins élevés pour les souscripteurs de contrats en euros (23 477 €).

Tout assuré pourra se rétracter

Durant un délai minimal de 30 jours, l'assuré peut changer d'avis et récupérer tous ses fonds. Le premier versement est affecté, pendant ce délai de renonciation, sur un support monétaire, sur l'actif général de la compagnie, un support en euros ou un fonds monétaire, selon les contrats.

D'un minimum légal de 30 jours, ce délai peut, exceptionnellement, être porté à trois mois par certains contrats.

La mise en œuvre du changement d'avis de l'assuré se fait par l'envoi d'une lettre recommandée avec demande d'avis de réception de renonciation.

EXEMPLE DE FORMULATION DE RENONCIATION

◆ « Je déclare renoncer à mon adhésion au contrat « X » et je demande le remboursement de la somme versée dans le délai de 30 jours prévu par la loi.
Dater et signer ».

Pour choisir en connaissance de cause, une note d'information est obligatoirement délivrée

L'assureur doit obligatoirement fournir une note d'information sur « le prix et les garanties **avant la conclusion du contrat** ».

Le calendrier des informations obligatoires

L'assureur ou son mandataire doit vous remettre les documents obligatoires suivants :

• **Avant la souscription** : remise d'une notice d'information, d'un exemplaire du projet de contrat et de ses pièces annexes.

• **Lors de la signature du contrat** : remise d'une note d'information sur les dispositions essentielles du contrat et sur la garantie décès, avec indication des valeurs de rachat des huit premières années.
L'assuré dispose d'un délai minimal de 30 jours pour réfléchir et, éventuellement, demander le remboursement de ses fonds.

• **Chaque année** : information sur la valeur de rachat et, le cas échéant, sur la valeur de réduction du contrat.

Les documents remis à l'assuré précisent la loi qui est applicable au contrat, si celle-ci n'est pas la loi française, les modalités d'examen des réclamations qu'il peut formuler au sujet du contrat, y compris, le cas échéant, l'existence d'une instance chargée en particulier de cet examen, sans préjudice pour lui d'intenter une action en justice, ainsi que l'adresse du siège social et, le cas échéant, de la succursale.

▶ **Bon à savoir** : si l'assureur n'a pas remis à l'assuré une note d'information sur les dispositions essentielles du contrat, sur les conditions d'exercice de la faculté de renonciation, ainsi que sur le sort de la garantie décès en cas d'exercice de cette faculté de renonciation, le délai de 30 jours ne court qu'à compter de sa remise effective.

Le contenu de la note d'information

• **Nom et forme juridique de l'entreprise d'assurance.**

• **Adresse de son siège social ou de sa succursale s'il s'agit d'une entreprise étrangère.**

• **Nom commercial du contrat.**

• **Caractéristiques du contrat :**

– définition contractuelle des garanties offertes,
– durée du contrat,
– modalités de versement des primes,
– délai et modalités de renonciation au contrat, sort de la garantie décès en cas de renonciation,
– formalités à remplir en cas de sinistre,
– Précisions complémentaires relatives à certaines catégories de contrats

✔ contrats en cas de vie ou de capitalisation : frais et indemnités de rachat prélevés par l'entreprise d'assurance,

✔ autres contrats comportant des valeurs de rachat : frais prélevés en cas de rachat,

✔ capital variable : énumération des valeurs de références et nature des actifs entrant dans leur composition,

✔ contrat groupe : formalités de résiliation et de transfert,

– information sur les primes relatives aux garanties principales et complémentaires lorsque de telles informations s'avèrent appropriées,

– précision quant à la loi applicable au contrat lorsque celle-ci n'est pas la loi française et indications générales relatives au régime fiscal.

• **Rendement minimum garanti et participation**

– taux d'intérêt garanti et durée de cette garantie,

– indications des garanties de fidélité, des valeurs de réduction et des valeurs de rachat, dans le cas où celles-ci ne peuvent être établies exactement au moment de la souscription, indication du mécanisme de calcul ainsi que des valeurs minimales,

– modalités de calcul et d'attribution de la participation aux bénéfices.

• **Procédure d'examen des réclamations pouvant être formulées au sujet du contrat. Existence, le cas échéant, d'une instance chargée en particulier de cet examen.**

Les primes versées ne devront pas être excessives…

Lorsque l'assurance-vie a été souscrite au bénéfice d'un tiers – un ami, concubine, etc. –, il peut arriver que les héritiers demandent le remboursement partiel ou total des capitaux versés à ces personnes.

Les sommes versées sur un contrat d'assurance-vie peuvent alors faire l'objet d'une appréciation par les juges qui examinent si ces **primes sont excessives ou non**. Cette appréciation a lieu au cas par cas avec des critères susceptibles de caractériser l'exagération :

– l'importance relative de la cotisation versée par rapport aux revenus et au patrimoine du souscripteur,

– l'utilité de l'opération pour le souscripteur compte tenu de son âge ou de son état de santé.

Si la prime est jugée excessive, la clause bénéficiaire du contrat peut être annulée et les fonds réintégrés dans la succession de l'assuré. Ces capitaux seront ensuite attribués aux héritiers qui sont rarement les bénéficiaires désignés.

EXEMPLES DE DÉCISIONS DE JUSTICE

■ Cour d'appel de Paris, 9 octobre 2001 : cas d'une personne décédée à 78 ans qui, entre 68 ans et 76 ans, avait souscrit plusieurs contrats d'assurance-vie. Les magistrats parisiens ont estimé que certains de ces contrats étaient exagérés par rapport aux revenus de l'assuré, alors que d'autres ne l'étaient pas. La pension de retraite de l'assuré s'était élevée respectivement, en 1988 à 84 112 F, en 1991 à 92 532 F, en 1992 à 96 162 F, en 1995 à 106 627 F. À son décès, l'actif successoral de l'assuré s'élevait à 378 347 F. La prime de 5 000 F versée en décembre 1987 ainsi que celle du même montant versée en octobre 1998 ont été jugées acceptables compte tenu de ses revenus. Mais les primes totales versées entre février 1991 et septembre 1995, soit en moins de 5 ans, qui représentaient 530 100 F, soit à peu près l'équivalent de ses revenus durant cette même période et plus de la moitié de son patrimoine au jour de son décès, ont été jugées excessives.

- Cour d'appel de Paris, 27 janvier 2000 : cas d'une personne âgée de 86 ans qui avait souscrit en 1993 un contrat d'assurance-vie d'une durée de huit ans pour un montant net de 1 274 000 F en désignant, tout d'abord, comme bénéficiaires, ses héritiers légaux. Quelques mois plus tard, par avenant, elle désigne à leur place des personnes qui prenaient soin d'elle. La somme versée au contrat représentait, environ, la moitié du capital de l'assurée, laquelle ne disposait, pour faire face à ses dépenses quotidiennes, que de revenus modestes. Les magistrats ont jugé le montant du contrat manifestement exagéré.

- Un assuré avait désigné comme bénéficiaires des personnes étrangères à sa famille. Bien que disposant de revenus peu élevés, il possédait, lors de la souscription du contrat, un patrimoine important. Il avait, en effet, vendu une officine de pharmacie moyennant 5 millions de F (762 245,08 €) et des biens immobiliers pour 1,4 million de F (213 428,62 €). La Cour d'appel de Paris (3 février 2000, affaire Dethan) n'a pas considéré que ces primes étaient exagérées.

Le rapport annuel pour l'année 2001 du **Comité consultatif pour la répression des abus de droit** évoque deux autres affaires dont il a été saisi :

• Dans la première, il a conclu à l'abus. En l'espèce, le fils d'une personne hospitalisée avait ouvert pour le compte de sa mère trois contrats d'assurance-vie au cours de l'année 1993 sur lesquels il avait investi 1 143 517 F provenant de dix cessions d'actifs financiers représentant 98 % du patrimoine financier de l'assurée entre le 12 novembre 1993 et le 16 novembre 1993, alors que cette personne était décédée le 19 novembre 1993. Cette pratique constituait un abus de droit qui avait « pour but exclusif de soustraire la totalité des actifs imposables de la succession de celle-ci et donc d'éluder les droits de mutation par décès », principalement parce que « le court délai qui s'est écoulé entre la réalisation des actifs, le placement sur les contrats d'assurance-vie et le décès prévisible de l'assurée ôte tout caractère aléatoire aux contrats souscrits ».

• Dans une seconde affaire, il a écarté l'abus. Il s'agissait ici d'une personne célibataire sans enfant qui avait ouvert un contrat le 12 mars 1988 au profit de son frère, puis, celui-ci étant décédé, le contrat était resté plusieurs années sans bénéficiaire désigné. En mai 1995, placée sous curatelle renforcée, cette personne désignait deux nouveaux bénéficiaires, chacun pour moitié. En six mois, de février 1995 à août 1995, elle cédait des éléments de son patrimoine pour alimenter le contrat ouvert en 1988. L'assurée décédait le 31 octobre 1995. Pour le comité, « les éléments fournis par l'administration fiscale ne permettaient pas d'établir que les versements intervenus en 1995 alors que le décès de l'assurée n'était pas prévisible avaient pour but exclusif de réduire l'actif successoral et d'éluder à due concurrence les droits de mutation par décès ».

▶ On peut en déduire que pour apprécier si des primes sont exagérées, trois éléments sont pris en compte :
– l'âge de l'assuré au moment du versement des primes,

– le montant du patrimoine ou des économies de la personne considérée,
– les revenus annuels de cette personne.

Douze manières d'utiliser son assurance-vie

L'assurance-vie permet de nombreuses utilisations et des montages juridiques, surtout lorsqu'elle est jumelée avec un autre produit ou qu'elle vient comme accessoire ou complément d'une stratégie patrimoniale. Dotée d'un régime spécifique, l'assurance-vie offre des solutions adaptées à de nombreuses situations.

Elle peut vous permettre de :

1 – **Payer moins d'impôt sur le revenu** : en obtenant une réduction d'impôt (voir p. 121).

2 – **Soulager un besoin d'argent temporaire** : votre voiture vient de vous lâcher, mais vous disposez de 10 000 € sur votre contrat d'assurance-vie : pas de problème, vous pouvez « emprunter » à votre assureur. Dans la plupart des cas, vous obtiendrez jusqu'à 8 000 €. Il vous suffira de demander une avance. Si votre contrat est un contrat en unités de compte ou un multisupport, le montant de l'avance est limité à 60 % de l'épargne disponible, tandis qu'il peut atteindre 80 % sur un contrat en euros (voir p. 143).

3 – **Obtenir des revenus réguliers** : l'argent déposé sur un contrat et les intérêts sont toujours disponibles, les premières années, comme par la suite. Il est, donc, possible d'obtenir chaque mois ou trimestre des revenus complémentaires.

Lorsque le contrat n'a pas atteint huit ans, les intérêts et plus-values sont :

– soumis à un prélèvement libératoire et à des prélèvements sociaux d'un montant total de 45 % lorsque la durée du contrat est inférieure à quatre ans;
– soumis à un prélèvement libératoire et à des prélèvements sociaux d'un montant total de 25 % lorsque la durée du contrat est comprise entre quatre et huit ans;
– ou à l'imposition sur le revenu si le contribuable le désire.

Mais attention certains contrats ont des pénalités contractuelles lorsque le retrait intervient les premières années. Ces pénalités peuvent atteindre 5 % des sommes retirées (voir p. 140).

4 – **Constituer une aide en cas de gros pépin** : avant même que le contrat n'ait atteint huit ans, les sommes déposées sur une assurance-vie peuvent être récupérées sans imposition en cas de mise à la retraite anticipée de l'assuré ou de son conjoint, licenciement, invalidité de l'assuré ou de son conjoint (voir p. 142).

5 – **Remplacer une hypothèque** : un contrat d'assurance-vie peut être donné en garantie comme le serait une maison. Bien entendu, le contrat doit être suffisamment approvisionné pour servir de garantie. La mise en gage ou en nantissement d'un contrat peut être utilisée dans un prêt classique, comme dans un prêt in fine. Il permettra, aussi, au dirigeant d'une entreprise désirant la céder de rembourser son compte courant d'associé.

6 – **Faire de la Bourse sans impôt** : quand on dispose d'une fortune importante, il est possible de faire gérer des valeurs mobilières à l'intérieur d'un contrat d'assurance-vie (contrat dédié). L'avantage est une non-imposition des plus-values puisque le montant susceptible d'être investi n'est pas limité, alors que le montant du PEA est limité.

7 – **Utiliser son contrat comme un compte rémunéré** : lorsque le contrat a atteint une durée d'au moins 8 ans les sommes retirées ne sont pas imposées ou peu imposées (prélèvement de 7,5 %). Rien n'interdit de faire un versement et trois ou six mois plus tard de retirer les fonds sans impôts. Le contrat de plus de 8 ans peut être utilisé comme un véritable compte rémunéré (voir p. 162).

8 – **Disposer d'un choix exceptionnel pour récupérer son épargne** : au terme de votre contrat d'assurance-vie, on peut récupérer les sommes disponibles de plusieurs manières :

– soit en une seule fois le capital,

– soit en plusieurs fois le capital, les sommes restantes continuant à procurer des intérêts au taux de rendement du contrat;

– soit sous forme d'une rente viagère payée jusqu'à son décès (non imposable lorsque le contrat a été ouvert sous la forme d'un PEP),

– soit sous la forme d'une rente temporaire payée pendant un nombre d'années déterminé (voir p. 149).

9 – **Transmettre un capital sans droits de succession ou avec des droits limités** (voir p. 103).

10 – Répartir sa succession librement et faire des « dons » grâce à la clause bénéficiaire (voir p. 57 et s.).

11 – Diminuer le montant imposable de ses revenus locatifs : en souscrivant un prêt immobilier « in fine », c'est-à-dire un prêt dont le capital n'est remboursable qu'à l'échéance (grâce à un contrat d'assurance-vie) et dont les intérêts sont remboursables pendant toute la durée du prêt, on peut augmenter le montant des intérêts remboursables les premières années, ce qui permet d'amplifier considérablement les intérêts déductibles et donc de bénéficier d'une fiscalité favorable.

12 – Réduire le montant de l'ISF : en plaçant des fonds en assurance-vie on diminue ses revenus immédiatement imposables, puisque le contrat capitalise les plus-values. il existe, même, des contrats particuliers adaptés pour les personnes qui paient l'ISF (voir p. 35 et 36).

Les différentes familles de contrats

Il existe **quatre grandes familles** de contrats d'assurance-vie :

– les contrats en euros,

– les contrats en unités de compte, généralement dits « multisupports » car ils proposent plusieurs supports,

– les contrats DSK,

– les contrats à prime de fidélité.

Mais chacune de ces familles peut faire l'objet de mélanges.

Les contrats en euros

Ces contrats offrent toute la sécurité possible, puisque leur valeur ne peut jamais baisser et que les performances enregistrées une année donnée ne peuvent être remises en cause ultérieurement. Dans ce type de contrat, la valeur de votre épargne ne peut pas diminuer quelle que soit la conjoncture économique. On appelle cette caractéristique l'effet de cliquet.

Pour obtenir ce rendement garanti, les assureurs français ont pris l'habitude d'investir à hauteur d'environ 70 % en obligations et en placements monétaires. En terme de structure, dans les actifs des assureurs, selon la FFSA, les obligations occupent la première place avec 66,4 % de l'encours total. Viennent, ensuite, les actions (26 %), puis l'immobilier (4,4 %) et les placements divers (3,2 %).

Les rendements de ces contrats sont composés de deux éléments :

– un **taux technique** défini par la réglementation,

– une **participation aux bénéfices** de l'assureur.

Qu'est-ce que le « taux technique », encore appelé taux minimum garanti (TMG) ?

C'est le taux minimum que les assurés sont certains de recevoir quoi qu'il arrive. Cette rémunération minimale est déterminée par les articles A. 132-1 et A. 132-3 du Code des assurances.

Le taux minimum garanti par l'assureur est souvent (sans vouloir faire un jeu de mots !) le taux maximum autorisé par la réglementation (encore appelé « taux technique »).

Ce taux d'intérêt technique correspond au plus bas des deux taux suivants :
– 60 % du TME ou 3 % par an, pour les contrats d'une durée supérieure à 8 ans (contrats à prime unique, à versements libres, ainsi que les contrats à primes périodiques ou à capital variable quelle que soit leur durée) ;
– 75 % du TME, soit 3,75 %, pour les contrats à prime unique ou à versements libres d'une durée n'excédant pas 8 ans.

Qu'est-ce que la participation aux bénéfices ?

La participation aux bénéfices est définie par le Code des assurances comme ne devant pas être inférieure à 85 % des bénéfices financiers et à 90 % des bénéfices techniques.

Possibilité d'un rendement minimum annuel

L'assureur peut, s'il le souhaite, fixer chaque année un rendement minimum garanti égal à 85 % maximum de la moyenne des taux de rendement des actifs de l'entreprise calculés pour les deux derniers exercices.
La plupart des assureurs offrent au moins un contrat de ce type, même si au cours des dernières années, les taux de rendements, ayant baissé, cette pratique a diminué.

Des rendements autour de 5 % l'an

Depuis quelques années, force est de constater que les rendements des contrats en euros s'essoufflent. Malgré cette diminution par rapport aux sommets atteints ce placement reste, cependant, le compromis idéal qui procure sécurité, rendement minimum garanti, disponibilité de l'épargne.

La chute des marchés financiers a donné un nouvel attrait à ce type de contrats et si, au cours des années précédentes, les contrats en euros perdaient un peu de leur intérêt, ils en ont retrouvé depuis.

Ce placement reste, cependant, le compromis idéal pour qui recherche, à la fois, la sécurité, un rendement minimum, la disponibilité de son épargne, tout en bénéficiant d'une fiscalité intéressante.

Rendements moyens (nets hors prélèvements sociaux) des contrats et supports en euros

Année	*Rendement net*	*Rendement inflation déduite*
1991	7.80	4.60
1992	7.90	5.50
1993	7.90	5.80
1994	7.20	5.50
1995	6.20	4.50
1996	6.00	4.00
1997	5.70	4.50
1998	5.40	4.70
1999	5.00	4.50
2000	5.10	3.40
2001	4.90	3.20

(Source : FFSA)

Les spécificités des assureurs britanniques

Les assureurs britanniques (quelques-uns sont présents en France) ont placé, majoritairement, leurs actifs dans des actions. Ils utilisent une technique d'annonce des taux au début d'année et de lissage des performances sur plusieurs années.

Cette technique, qui ne permet pas de bénéficier d'un effet cliquet aussi total que les contrats français, permet, cependant, un rendement annuel légèrement plus élevé, surtout dans les périodes actuelles où les rendements des obligations (qui composent en grande partie les actifs des assureurs français) restent assez faibles.

Les contrats en unités de compte et multisupports

Ces contrats possèdent des supports dont les valeurs varient, à la hausse, comme à la baisse. Contrairement aux contrats en euros, leur valeur d'épargne peut fortement fluctuer et elle n'est pas garantie d'une année sur l'autre (à l'exception de leur support en euros, voir ci-après).

Les contrats monosupports n'ont plus la cote !

S'il existait il y a encore quelques années des contrats en unités de compte ne comportant qu'un seul support (monosupport), force est de constater que les contrats proposés aujourd'hui sont tous des multisupports.

Aujourd'hui, **tous les contrats proposés sont des multisupports.**

Ces contrats sont, aujourd'hui, constitués de plusieurs supports. Ils offrent à l'assuré le choix entre plusieurs supports.

Ce choix peut s'exercer lors de la souscription ou en cours de contrat en transférant les fonds d'un support sur l'autre. Ces transferts appelés « arbitrages » ne sont pas fiscalisés. L'assuré peut donc tirer profit d'une plus-value sur un support et réinvestir cet argent dans un autre support sans conséquence fiscale. Il doit, cependant, respecter les conditions prévues par le contrat pour effectuer ses transferts. Ces conditions se limitent, généralement au paiement de frais dits d'arbitrages (voir p. 77), mais il peut s'agir, également, d'un minimum ou d'un maximum d'investissement.

Des écarts de rendements importants

La performance des supports est très variable d'un contrat à l'autre, et même à l'intérieur du même contrat d'un support à l'autre.

De 5 à 6 % l'an sur les supports en euros, elle a pu atteindre plus de 50 % sur certains supports les meilleures années. Mais la performance de ces derniers peut aussi être négative. Entre la mi 2000 et juin 2002, plusieurs supports ont perdu des sommes importantes (– 40 % et plus pour les plus dynamiques). Heureusement pour les épargnants, les multisupports modernes offrent des supports sécuritaires en euros sur lesquels il est possible de se replier.

Dans les contrats multisupports, ce peut être l'assuré qui gère son contrat en fonction des mouvements des marchés financiers – de fait, il supporte alors les risques de ses mauvais choix des supports ou d'utilisation à contre-courant des cycles économiques. Mais l'assuré peut en confier la gestion à un tiers.

Un large choix de supports

L'avantage des contrats multisupports modernes, c'est d'offrir des opportunités de rentabilité élevée grâce aux nombreux choix des supports et des profils.
Leur inconvénient, c'est de répercuter, sans parachute, les baisses.

Une gestion directe ou déléguée

Dans les contrats multisupports, ce sont, généralement, les assurés qui choisissent eux-mêmes leurs supports (sauf s'ils ont donné délégation à un professionnel pour le faire à leur place) sous la forme d'un mandat de gestion.
Pour réduire les risques de mauvais choix sont apparus des contrats profilés offrant, la plupart du temps, au moins trois profils : prudent, équilibre et dynamique.
Les « profils » ou « supports profilés » sont constitués, soit d'actions et d'obligations détenues en direct et gérées par un professionnel, soit de plusieurs OPCVM (cas le plus fréquent) monétaires, obligataires et actions.
Selon leur orientation, ces profils portent différents noms :
• Les **profils prudents**, comme leur nom l'indique, sont constitués d'un faible pourcentage d'actions : moins de 15 % dans la plupart des cas.
• Les **profils équilibres** comportent un pourcentage d'actions variant, généralement, entre 30 à 40 %, exceptionnellement, jusqu'à 50 %.
• Les **profils dynamiques** contiennent, la plupart du temps, plus de 50 % d'actions, certains sont totalement investis en actions.

Trois niveaux de profils sont proposés

Presque tous les contrats offrent des profils prudents, des profils équilibres et des profils dynamiques. Cependant les noms peuvent être, parfois, différents. C'est, ainsi, qu'un profil prudent peut s'appeler sérénité ou sécurité, un profil équilibre prendre le nom d'actif ou d'harmonie et un profil dynamique d'offensif ou d'audace.

Comme il n'existe ni standard, ni définition commune des profils, les gestionnaires peuvent les composer de la manière qu'ils souhaitent.

Certains contrats offrent jusqu'à une douzaine de profils, permettant, ainsi, de panacher les uns avec les autres.

Les niveaux de performances et de risques des profils s'inscrivent sur un très large répertoire. Aussi, l'assuré a-t-il tout intérêt à se renseigner exactement sur le(s) profil(s) qui lui convien(nen)t le mieux. La frontière entre chaque type de profils est parfois difficile à définir. Les profils facilitent, néanmoins, la vie aux assurés.

Déterminez le bon profil de votre contrat

Pour choisir le profil qui correspond le mieux à vos attentes, faites le test ci-dessous.

	Votre choix	*Prudent*	*Équilibre*	*Dynamique*
Temporairement, vous accepteriez une perte maximale :	de 20 % sur votre capital	0	0	3
	de 10 %	0	2	3
	pas de perte	3	0	0

	Votre choix	*Prudent*	*Équilibre*	*Dynamique*
Vous souhaitez, de préférence, pour votre épargne :	une augmentation forte malgré quelques trous passagers	0	3	2
	une progression importante, même très irrégulière	0	2	3
Vous désirez une durée maximale de :	8 ans	3	2	1
	supérieure à 10 ans	0	1	3
Votre but, c'est :	gagner le plus possible	0	1	3
	ne rien perdre	3	1	0
Pour vous, l'assurance doit être :	– un long fleuve tranquille	3	2	0
	– vous n'aimez pas beaucoup les actions	3	2	0
	– de l'argent disponible à tout moment	3	2	0

VOTRE COMPTE DE POINTS

◆ Le maximum de points est de 18 pour chaque type de profil. Faites le compte de vos points et retenez le profil qui correspond à votre nombre de points le plus élevé :

– vous avez 15 points ou plus au profil prudent : vous êtes allergique aux risques. Retenez un profil prudent.

– vous avez 15 points ou plus au profil équilibre : en choisissant un profil équilibre, vous acceptez de prendre des risques mesurés.

– vous avez 15 points ou plus au profil dynamique : sur le long terme, vous faites le meilleur choix, mais vous devrez avoir les nerfs solides certaines années.

Comme des actions : leur valeur peut varier fortement

Une circulaire GAP du 30 novembre 1999 (99/CI-72) prévoit que pour les contrats souscrits à compter du 1er mars 2000 : « la valeur de rachat exprimée en nombre d'unités de compte doit prendre en compte les différents prélèvements (frais de gestion, garanties annexes) effectués sur la provision mathématique des contrats.

L'assureur doit, en outre, attirer l'attention du souscripteur sur les fluctuations possibles, à la hausse ou à la baisse des différents supports sur lesquels le contrat est référencé. Seul le nombre d'unités de compte est garanti et non leur montant. Enfin, le mécanisme de passage du nombre d'unités de compte aux valeurs de rachat en euros doit être précisé ».

L'assureur peut-il changer les supports ?

L'assureur peut ajouter des supports au contrat. Il peut, aussi, prévoir les modalités selon lesquelles, en cas de disparition d'une unité de compte, une autre unité de compte de même nature lui sera substituée, par un avenant au contrat.

S'il désire, par exemple, remplacer un support immobilier (une Société Civile de Placement Immobilier, en abrégé, SCPI) par un autre, il devra respecter les termes du Code des Assurances et, en particulier, l'article A131-4 qui prévoit : « La substitution d'une unité de compte au profit d'unités de compte de nature comparable prévue à l'article R. 131-4 est autorisée par la commission de contrôle des assurances au vu du rapport d'un expert mandaté par l'assureur. L'expert certifie la comparabilité des sociétés, au regard des critères de destination – habitation, bureaux, centres commerciaux – et de localisation des actifs de celles-ci. Toutefois, la commission peut également demander l'établissement d'une expertise selon les modalités fixées à l'article R. 332-23 ».

Rendements (nets hors prélèvements sociaux) des contrats en unités de compte

Les rendements (nets hors prélèvements sociaux) des UC ont fortement varié, en moyenne, de + 20,70 % en 1999 à – 9,60 % en 2001.

Rendement net par année (en %)

1991	*1992*	*1993*	*1994*	*1995*	*1996*	*1997*	*1998*	*1999*	*2000*	*2001*
13,7	7,3	13,5	– 7,9	6,4	11,3	10,1	11,5	20,7	– 1,9	– 9,6

(Source : FFSA)

▶ Ce calcul des rendements a lieu d'après les états comptables des assureurs. Les statisticiens prennent en compte, chaque année, les valeurs en plus ou en moins de toutes les unités de compte et ils divisent le chiffre obtenu par la prime des contrats afin de corréler par rapport au volume des encours. Les taux de rendements tiennent compte de toutes les UC : Sicav actions asiatiques, françaises, européennes, SCPI…

Point commun à tous les multisupports : les prélèvements sociaux reportés

Les multisupports offrent un atout par rapport aux contrats en euros : les prélèvements sociaux (10 % du montant des intérêts ou des plus-values) sont retirés uniquement à la sortie du contrat et non pas chaque année, ce qui est très profitable au niveau de la rentabilité et augmente les intérêts capitalisés.

◆ Exemple : un contrat classique en euros dans lequel le rendement est de 5 % l'an, les frais de gestion de 0,50 % sur lequel on a versé, à la souscription, 10 000 €. Au terme de 10 ans, les prélèvements sociaux étant déduits chaque année, il reste à l'assuré 15 529 €.

Dans les mêmes conditions, et toujours, avec un rendement annuel de 5 % sur un contrat multisupport, les prélèvements étant déduits à l'échéance, l'assuré bénéficie de 15 660 €, soit un écart positif de 131 €. Imaginez la différence avec une somme plus importante et un rendement annuel plus élevé !

Les différentes options de gestion proposées par les multisupports

Certains contrats multisupports proposent des modes de gestion automatiques et sophistiqués. En voici quelques exemples.

La réallocation automatique des actifs

Le profil de gestion retenu par l'épargnant est rééquilibré automatiquement selon une périodicité définie (une fois par trimestre, semestre, année) par le client. L'intérêt de cette méthode est de conserver une répartition des actifs conforme à un modèle défini, qu'il s'agisse d'un modèle fixe ou d'un modèle variable. Or il arrive, souvent, qu'une répartition d'actifs se déforme par le simple jeu des hausses et des baisses de marchés.

La gestion évolutive des actifs

C'est une variante de la technique ci-dessus. Selon l'âge de l'assuré ou l'éloignement d'une échéance (la retraite, par exemple), les fonds sont investis dans des supports de plus en plus sécuritaires et rééquilibrés à des dates données.

■ À 38 ans, par exemple, le contrat contient 75 % d'OPCVM actions, il les cédera, peu à peu, afin qu'à 60 ans, l'assuré n'ait plus que 15 % d'OPCVM actions.

L'optimisation des performances par cliquetage

Cette technique permet à des dates déterminées, par exemple, une ou deux fois par mois de dynamiser ou de sécuriser les performances constatées sur un ou plusieurs supports en procédant à des arbitrages automatiques et sans frais vers un ou plusieurs autres supports.
L'optimisation des performances est obtenue en passant d'un support sécuritaire vers un support dynamique.
La sécurisation consiste dans le passage d'un support dynamique vers un support d'accueil sécuritaire.

L'investissement progressif

À l'origine dans un support sécuritaire, les fonds sont investis, peu à peu, dans un ou plusieurs supports dynamiques.

Cette option permet de lisser les coûts d'achat des différents supports en réduisant les risques d'acquisition d'un support sur une période de forte hausse.

▶ Plusieurs des techniques ci-dessus peuvent être employées en même temps. Ainsi, le cliquetage des performances et l'investissement progressif permettent une dynamisation des investissements en limitant les risques.

Les arbitrages ou transferts d'épargne entre supports

De nombreux contrats multisupports offrent à l'assuré un choix plus ou moins important et diversifié de supports financiers, dont l'orientation de gestion est différente. Aussi, l'assuré peut-il, à l'origine, ventiler ses versements entre ces différents supports, mais, aussi, par la suite, effectuer des arbitrages, c'est-à-dire retirer l'épargne des supports initialement choisis et l'affecter à d'autres supports.

À l'occasion des arbitrages, des frais d'arbitrage sont prévus. Ils varient suivant les contrats, mais ils sont toujours fonction du montant transféré avec, cependant, un minimum forfaitaire ou un maximum.

Les transferts entre supports ne sont pas imposables. S'ils étaient excessivement nombreux, l'administration fiscale, pourrait, sur la base d'un abus de droit, requalifier les faits et demander le paiement de la fiscalité relative aux retraits. Il n'y a jamais eu de cas semblable, du moins à notre connaissance.

▶ Attention : en cas de bénéficiaire acceptant, la signature de ce dernier peut, selon les

> compagnies, être demandée pour tout arbitrage. En cas de remise en gage du contrat, il faut obtenir l'accord écrit et préalable du créancier -gagiste.
>
> Chaque modification du contrat fait l'objet d'un document écrit appelé « avenant ».

Les contrats DSK

Ces contrats monosupports ou multisupports ont été lancés par la loi de finances pour 1998 et le décret du 29 mai 1998.

Ces textes avaient prévu la possibilité de transférer les fonds des contrats existants vers les DSK tout en conservant l'antériorité des contrats d'origine. Le transfert était possible jusqu'au 31 décembre 1998, date qui avait, ensuite, été repoussée jusqu'au 30 juin 1999 inclus. Depuis cette dernière date, il n'y a plus de possibilité de transfert. Mais les contrats DSK peuvent toujours être souscrits dans le cadre d'une nouvelle ouverture de contrat.

Les contrats DSK s'adressent, tout particulièrement, à ceux qui souhaitent investir dans des actions européennes (y compris les actions françaises).

Généralement, les contrats DSK sont des contrats spécifiques n'offrant qu'un seul support DSK. Les contrats monosupports ou bi-supports sont essentiellement destinés à une diversification des actifs pour une clientèle qui possède, par ailleurs, plusieurs contrats d'assurance-vie.

Il existe, aussi, des contrats multisupports classiques qui disposent d'un compartiment DSK.

L'atout financier des contrats DSK réside dans les perspectives de plus-values à long terme que peuvent générer le marché des actions. Leurs inconvénients sont ceux de tous les contrats en unités de compte : la valeur de l'épargne fluctue, à la hausse comme à la baisse, en fonction des aléas des marchés financiers

Deux avantages : une exonération du prélèvement de 7,5 % et des prélèvements sociaux reportés.

Outre les avantages ordinaires des contrats d'assurance-vie, les contrats DSK sont exonérés du prélèvement de 7,5 % à la sortie.

Ils permettent, aussi, de reporter au terme ou au moment du rachat du contrat le paiement des prélèvements sociaux de 10 %.

Les contrats à prime de fidélité

Alors que sur les contrats classiques, la valeur totale du contrat est prise en compte, dans ces contrats, la valeur d'épargne est scindée dans deux compartiments : un premier compartiment reçoit les versements réalisés par l'assuré, un second compartiment accueille les plus-values dégagées.

De fait, la valeur d'épargne rachetable de ce type de contrat est égale aux versements, le second compartiment (appelé la prime de fidélité) étant bloqué pendant une durée variable, généralement, de 8 à 20 ans. Et c'est, seulement, à l'issue de cette période que l'assuré peut récupérer ses plus-values. Il s'ensuit, donc, notamment au niveau de **l'ISF** (voir p. 124) une prise en compte de la valeur du premier compartiment et non de celle du second.

L'article 331-5 du Code des assurances précise que « la provision mathématique ne tient pas compte des éventuelles garanties de fidélité non exigibles par l'assuré au moment du rachat ».

Outre l'ISF, ce mécanisme a des **conséquences fiscales intéressantes** :

– possibilité de retraits non fiscalisés, puisque les retraits se font sur le premier compartiment qui ne comporte pas de plus-values. De ce fait, il n'y a donc pas d'imposition des intérêts;

– augmentation du capital décès transmis aux bénéficiaires avec une diminution de l'imposition en cas de décès : le capital transmis pouvant être garanti par une assurance « temporaire décès », laquelle est pratiquement exonérée de droits de succession.

▶ Ce type de contrat s'adresse aux investisseurs disposant d'un patrimoine important, possédant déjà des contrats « classiques », et généralement imposés à l'ISF. A contrario, ils sont à déconseiller aux épargnants « débutants », notamment, parce qu'ils n'assurent pas une bonne liquidité, la prime de fidélité n'étant rachetable qu'au terme de la période de fidélité. Aujourd'hui, les quelques contrats à prime de fidélité commercialisés sont tous des contrats multisupports. On en compte une quinzaine.

Les contrats luxembourgeois

La libre prestation de services (LPS) en matière d'assurance-vie permet aux ressortissants de la CEE de souscrire le contrat de leur choix dans n'importe quel État membre de la Communauté.

Avec une distinction, toutefois, entre la LPS active où la compagnie étrangère peut solliciter l'assuré et, à l'inverse, à savoir la LPS passive, où le souscripteur potentiel va à la rencontre de l'assureur étranger non établi en France.

On dénombre deux catégories distinctes de contrats luxembourgeois : des contrats distribués exclusivement au Luxembourg ou des contrats luxembourgeois vendus en dehors du Luxembourg.

Les règles applicables à ces contrats sont différentes.

Il existe deux types distincts de contrats luxembourgeois

Le premier correspond aux **contrats distribués en LPS passive** : ces contrats exigent, souvent, des versements plus élevés que les contrats nationaux. Généralement, ils n'offrent pas une bonne souplesse en cours de contrat : les avances ne sont pas prévues et les retraits peuvent subir des pénalités les premières années.

Au plan fiscal, ces contrats interdisent de bénéficier des prélèvements sociaux, ce qui est gênant pour les assurés soumis à un taux d'IRPP élevé.

Pour souscrire ces contrats, les assurés doivent faire une démarche envers le distributeur qui, lui, demeure commercialement passif (d'où le nom de LPS passive).

Le second correspond à des **contrats distribués en LPS active** : très proches des contrats français (avances et retraits son généralement prévus), ils disposent d'une fiscalité identique (choix entre les prélèvements et l'impôt sur le revenu). Ces contrats sont distribués de la même façon que les contrats français (donc par une démarche active des distributeurs) s'adressent à une clientèle qui veut diversifier son patrimoine.

La libre prestation de services passive

Le souscripteur est réputé avoir pris l'initiative lorsque l'une au moins des deux situations suivantes est réalisée :

– le contrat a été souscrit sans que le souscripteur ait été démarché sur le territoire de la République française, pour le compte de l'entreprise d'assurance, par un intermédiaire d'assurance ou par une personne mandatée par l'entreprise, ou sans que le souscripteur ait été informé au moyen d'une promotion commerciale qui lui aurait été adressée personnellement; le contrat est souscrit soit par les deux parties dans l'État membre où l'entreprise est établie, soit par celle-ci dans ce même État et par le souscripteur sur le territoire de la République française;

– le souscripteur s'est adressé à un intermédiaire d'assurance établi en France en vue de se procurer des informations sur des contrats d'assurance offerts par des entreprises d'assurance établies dans d'autres États membres ou en vue de souscrire un contrat auprès d'une de ces entreprises.

Les contrats luxembourgeois apportent-ils les clefs d'un paradis fiscal ?

Les raisons du succès du Luxembourg sont bien connues : beaucoup ont cru qu'il s'agissait d'un paradis fiscal.

Il y a quelques années, le comportement de certains intermédiaires irrespectueux du droit a abondé en ce sens. En effet, quelques officines proposaient de passer en fraude des fonds et de les investir au Luxembourg, mais ceux qui ont fait appel à ces intermédiaires en ont, souvent, supporté les conséquences désastreuses (commissions excessives, argent détourné, vérifications fiscales approfondies...).
En fait, le Luxembourg n'est un paradis que pour ceux qui « oublient » la fiscalité, car la loi luxembourgeoise laisse une parfaite transparence à la fiscalité nationale. De plus, les procédures européennes ont tendance à uniformiser la législation au niveau de la zone euro.

La fiscalité française est applicable

Dans un cas comme dans l'autre, la fiscalité et le droit applicables sont ceux en vigueur dans le pays où l'assuré a sa résidence habituelle. C'est-à-dire qu'il n'y a pas d'avantages fiscaux à souscrire un contrat luxembourgeois, irlandais ou britannique. Pire, pour payer l'impôt, le résident français ne peut pas, dans la plupart des contrats luxembourgeois, utiliser le prélèvement libératoire, puisque par définition, l'assureur luxembourgeois qui travaille en LPS passive ne fait aucune démarche auprès des impôts français.

- Ainsi, si l'assuré est dans une tranche d'imposition maximale, il lui est, par exemple, impossible d'utiliser le prélèvement libératoire de 7,5 % à la sortie : son impôt sera beaucoup plus élevé que le prélèvement normalement dû.

Heureusement, les compagnies luxembourgeoises proposant leurs contrats hors du Luxembourg permettent de bénéficier des prélèvements libératoires. D'ailleurs, certaines entreprises étrangères ont aujourd'hui adapté leurs contrats luxembourgeois à chacun des pays dans lesquels elles les proposent. Mais les aspects financiers peuvent paraître plus importants que les basses velléités fiscales…

Des supports variés et des devises

L'avantage réel d'un contrat luxembourgeois, **c'est un choix différent de supports** (accès à des fonds de droit étranger, des fonds américains non disponibles en France) et, **surtout, des supports dans diverses devises** (dollars, yens, francs suisses…). Mais en France, le choix des instruments financiers s'étant étendu (Sicav à compartiments multiples, fonds maîtres, fonds nourriciers…), les contrats luxembourgeois offrent moins de différence, aujourd'hui, que par le passé.

Actuellement, il n'y a plus beaucoup de particularités entre un contrat français et un contrat luxembourgeois. Les contrats luxembourgeois sont, donc, très proches des contrats nationaux en dehors de quelques détails : si certains contrats luxembourgeois permettent des retraits par une simple carte bancaire, tous ne les proposent pas. Certains contrats luxembourgeois n'offrent, parfois, ni retraits ni possibilités d'avances. Attention, donc, à bien regarder les conditions générales et particulières du contrat avant de le souscrire !

L'assuré devra explicitement reconnaître avoir souscrit un contrat luxembourgeois

Les contrats luxembourgeois sont régis par la loi de résidence de l'assuré souscripteur. Si ce dernier est non résident au

Grand Duché du Luxembourg, son contrat est exonéré vis-à-vis du Luxembourg de taxes et d'imposition, mais il reste, néanmoins, soumis au régime fiscal de son pays de résidence.

Dans tous les cas, l'assuré doit remplir et signer une déclaration par laquelle il reconnaît que la surveillance de l'assureur dépend d'autres autorités que l'autorité française et si le contrat est diffusé en LPS passive, une seconde déclaration selon laquelle, c'est lui qui a sollicité les informations sur un contrat luxembourgeois.

En outre, lorsque le contrat est souscrit en LPS passive, l'assuré souscripteur, s'il est en même temps un contribuable français, a vis-à-vis du fisc français des obligations déclaratives relatives aux contrats souscrits à l'étranger. Il indique chaque année dans sa déclaration de revenus les contrats détenus à l'étranger (CGI, art. 1649 AA).

Il en est de même pour les contrats souscrits dans d'autres pays, par exemple, des contrats de droit irlandais.

Que faut-il penser des contrats luxembourgeois ?

L'inconvénient des contrats distribués en LPS passive, pour une personne soumise à la législation française, c'est de ne pas faire bénéficier leurs clients des taux des prélèvements sociaux, lesquels sont plus favorables que les taux progressifs de l'impôt sur le revenu pour les contribuables fortement imposés. Ainsi, ne peuvent faire bénéficier leurs clients français des taux des prélèvements libératoires que les sociétés d'assurance-vie luxembourgeoises ayant un représentant fiscal en France. Les assurés des compagnies étrangères n'ayant pas choisi d'avoir un tel représentant ne peuvent que soumettre leurs assurés à l'impôt sur le revenu.

C'est pourquoi ces contrats sont plutôt réservés à des personnes non fiscalisées en France. Leur véritable avantage ne se révèle que pour des non résidents auxquels ils permettent une exonération totale des droits de succession.

Le PEP assurance

Depuis le 1er janvier 1990, le Plan d'Épargne Populaire (PEP) permet à une personne de se constituer une épargne, dans un cadre fiscal défini, et dont le produit support peut être soit une assurance-vie (PEP assurance), soit un compte de dépôt (PEP bancaire).

Un versement limité à 92 000 €

Aux charmes classiques de l'assurance-vie, le Plan d'épargne populaire (PEP) assurance ajoute ses nombreux avantages spécifiques en contrepartie d'une seule limite : l'investissement sur un PEP est limité à 92 000 € (184 000 € pour un couple). Et encore, faut-il préciser qu'il s'agit du **montant des sommes investies** et non pas de la valeur définitive du PEP, qui, elle, est illimitée.

Les contribuables mariés peuvent ouvrir un plan au nom de chaque époux, mais il n'est pas possible d'ouvrir un PEP pour une personne à charge d'un enfant.

Le seul **défaut** du PEP assurance, c'est d'être moins souple que l'assurance-vie qui permet de faire des retraits, puis de reprendre ses versements. Les retraits du PEP peuvent entraîner la clôture du plan ou l'interdiction de reverser. Il est, donc, préférable, d'utiliser les avances si le contrat a prévu cette possibilité.

▶ Attention ! Les retraits d'un PEP peuvent y interdire les reversements

◆ Voici les effets sur le contrat PEP des retraits de l'épargne selon la date du retrait :
A. Retrait avant 10 ans : Clôture du PEP en cas de retrait total ou partiel.
B. Retrait après 10 ans : Clôture du PEP uniquement en cas de retrait total. Le retrait partiel permet à l'épargne en compte de continuer à être rémunérée, mais les nouveaux versements sont interdits.

Le PEP assurance bénéficie de **plusieurs avantages fiscaux**.

Qui peut encore bénéficier de la prime d'épargne ?

À l'origine, les personnes, fiscalement domiciliées en France, non imposables à l'impôt sur le revenu ou dont l'impôt était inférieur au seuil de recouvrement, pouvaient bénéficier d'une prime, destinée à encourager leur épargne, et versée par l'État, égale à 25 % de leur versement et plafonnée à 229 € par an. Aujourd'hui, le bénéfice du droit à prime est maintenu jusqu'à la dixième année civile du plan à compter de celle de son ouverture uniquement :
– pour les détenteurs d'un PEP souscrit avant le 22 septembre 1993
– et à condition qu'il ait été adossé à un contrat d'assurance-vie à primes périodiques souscrit avant le 5 septembre 1996.

Les titulaires de ces PEP peuvent opter pour le versement de la prime et des intérêts capitalisés à l'issue de la septième année civile à compter de l'ouverture du plan. Mais dans ce cas, les versements effectués ultérieurement n'ouvriront plus droit à prime.

Prescription du droit à la prime d'épargne

Attention à ne pas oublier de demander la prime ! Le délai de **prescription de la prime est de 4 ans.** Son point de départ est le 1er janvier de l'année suivant celle au cours de laquelle le droit à versement de la prime était acquis

◆ Exemple :
PEP adossé à un contrat d'assurance-vie périodique souscrit avant le 5 septembre 1996 :
PEP ouvert le 15 mars 1990
Droit à prime acquis le 1er janvier 2000
Point de départ de la prescription : 1er janvier 2001
Date de prescription : 31 décembre 2004

Une garantie des fonds investis

La réglementation concernant les PEP est très protectrice des intérêts financiers des épargnants.

Le PEP doit « *garantir le remboursement d'une somme au moins égale à la part des versements affectée, depuis l'ouverture du plan à l'opération d'épargne, c'est-à-dire après déduction des frais.*

Le contrat peut, toutefois, écarter cette garantie en cas de clôture moins de 8 ans avant l'ouverture du PEP, sauf lorsque cette clôture survient moins de 2 ans après l'un des événements suivants : décès du conjoint soumis à imposition commune, expiration des

droits aux assurances chômage, cessation d'activité non salariée du titulaire ou de son conjoint, invalidité du titulaire ou de son conjoint » (instruction fiscale du 12 juillet 1990).

À l'échéance de 8 ans (ou au delà si la fermeture du PEP a lieu, par exemple, à 10 ou 12 ans) ainsi que lorsque la clôture du PEP survient moins de 2 ans après l'un des cas énumérés ci-dessus, le contrat PEP doit garantir une somme au moins égale au montant de tous les versements.

Dans quels cas de force majeure les retraits sont-ils exonérés d'imposition ?

Lorsque les retraits (partiels ou totaux) de fonds interviennent à la suite de certains événements, les produits capitalisés bénéficient de l'exonération d'imposition.

Ces cas de force majeure sont les suivants :

- décès du titulaire,
- retrait intervenant dans les deux ans suivant :

– le décès de son conjoint soumis à une imposition commune,

– invalidité de seconde ou troisième catégorie du titulaire ou de son conjoint. Ces catégories recouvrent les invalides incapables d'exercer une activité quelconque, qu'ils soient ou non dans l'obligation d'avoir recours à l'assistance d'une tierce personne pour effectuer les actes ordinaires de la vie (il est admis que lorsque la clôture résulte d'une demande de rattachement à un foyer fiscal émanant d'un invalide, l'exonération d'impôt s'applique également),

– cessation d'activité non salariée à la suite d'un jugement de liquidation judiciaire du titulaire ou de son conjoint,

– expiration des droits aux allocations d'assurance chômage. Les droits considérés correspondent aux allocations versées par les Assedic au titre du régime d'assurance chômage proprement dit : allocation de base et allocation de fin de droits. L'expiration de ces droits ne signifie pas obligatoirement la fin de toute indemnisation du chômage puisque, dans certains cas, les allocations du régime de solidarité peuvent prendre la suite.

L'exonération ne s'applique pas si le plan a été ouvert après la survenance de l'un des événements mentionnés ci-dessus.

Le titulaire du PEP qui procède à un retrait avant huit ans à la suite de l'un des événements ci-dessus doit présenter un document qui en atteste la réalité.

La rente PEP est défiscalisée

Ceux qui ont souscrit leur contrat d'assurance-vie sous la forme d'un PEP, peuvent bénéficier d'une rente viagère non imposable dès que le contrat a atteint la durée minimale de 8 ans. Toutefois, ils subissent tout de même les prélèvements sociaux (voir p. 129 et s.).

Le gain annuel d'imposition est important :

Pour une rente de 1 200 € (100 €/mois) perçue par un rentier de plus de 60 ans et de moins de 69 ans lors du premier versement de la rente, le gain d'impôt octroyé par une rente PEP est, selon la tranche d'imposition, égal à :

— voir tableau page suivante —

*Tranche d'imposition en %**	*Gain d'imposition octroyé par la formule PEP (en €)*
7	33,60
20,5	98,40
30,5	146,40
40,5	194,40
46,5	223,20
52,5	252

* tranches d'imposition normalement applicables aux revenus de 2002, mais qui pourraient être modifiées par le plan de baisse des impôts.

Entre une rente d'assurance-vie classique, souscrite, par exemple, à 65 ans et une rente issue d'un PEP, la différence est importante.

■ Par exemple, pour un rentier de 65 ans, dans une tranche d'imposition de 46,5 %, percevant une rente mensuelle de 500 €, la rente PEP permet un gain d'impôt de 1 116 € par rapport à une rente viagère classique. Autant consacrer moins aux impôts et percevoir une rente plus importante !

▶ **Bon à savoir** : quelle que soit la rente (d'un contrat classique ou d'un PEP assurance), les prélèvements sociaux d'un montant de 10 % restent dus, mais uniquement sur la partie théoriquement imposable de la rente (40 % pour un rentier entre 60 et 69 ans, 30 % au-delà de 69 ans).

Comparer les offres de rente viagère des assureurs

Tous les assureurs n'utilisant pas le même barème de rente viagère, il faut solliciter les propositions de plusieurs assureurs, avant de demander la transformation de son épargne en rente viagère.

Certains assureurs proposent un barème de rente viagère plus élevé que d'autres. Afin de bénéficier d'une rente viagère plus intéressante, certains assurés transfèrent leur PEP auprès d'une autre compagnie d'assurance avec laquelle ils passent, ensuite, un contrat de rente viagère immédiate.

Le PEP est transférable en conservant son antériorité

Le PEP peut être transféré d'un établissement à l'autre (attention, toutefois aux pénalités contractuelles de transfert qu'imposent certains établissements).

Si l'on n'est pas satisfait de son assureur, il est donc possible d'aller voir si « l'herbe est plus verte » chez un autre tout en conservant sa date initiale d'ouverture, ce qui n'est pas possible avec un contrat d'assurance-vie non PEP.

Cette possibilité de transfert est intéressante, car elle conserve le régime fiscal attaché à l'ouverture du PEP.

Pas de prélèvement de 7,5 % à la sortie !

La durée minimale de détention de 8 ans permet de sortir du PEP sans imposition. En effet, le PEP assurance est exonéré du nouveau prélèvement de 7,5 % institué à la sortie de certains contrats d'assurance-vie par la loi de finances pour 1998 (voir p. 149 et s.).

Mais la sortie est sans retour, car elle interdit de reverser sur le PEP et elle entraîne, également, sa clôture immédiate, tant que celui-ci n'a pas atteint 10 ans. Il faut, donc, bien réfléchir avant toute ultime décision.

Si le PEP a plus de 10 ans, les retraits partiels n'entraînent pas la fermeture du PEP. S'il est impossible de reverser des fonds, ceux qui sont dans le PEP y restent (voir encadré) et continuent, bien entendu, à produire des intérêts.

Pour le reste, le PEP conserve tous les avantages de l'assurance-vie

Le PEP assurance garde tous les avantages de l'assurance-vie, notamment :

– les possibilités de retraits imposés à 35 % (+ 10 % de prélèvements sociaux) pendant les quatre premières années, à 15 % (+ 10 % de prélèvements sociaux) de la cinquième à la huitième année;

– l'exonération de droits de succession à hauteur de 152 500 € par bénéficiaire;

– l'effet cliquet des rendements servis chaque année si l'on a souscrit un PEP assurance ayant un support en euros;

– les possibilités d'arbitrages si l'on a opté pour un PEP multisupport.

En fait, le PEP assurance mêle deux régimes : celui du PEP et celui de l'assurance-vie.

> ▶ **Bon à savoir** : mieux vaut ouvrir au moins deux contrats d'assurance-vie, dont l'un sous la formule PEP. En effet, dès que le PEP aura au moins 8 ans, il sera possible de demander une rente viagère défiscalisée. Peu importe que le titulaire du PEP ait peu de fonds sur son contrat PEP, puisque c'est la date d'ouverture qui est retenue pour calculer le délai fiscal de

8 ans, il lui sera, alors, loisible de faire un transfert d'épargne de son contrat classique vers son PEP.

Mais, si le moment venu, il préfère un retrait en capital, il utilisera alors son contrat d'assurance-vie classique, sauf s'il fait de gros retraits pour lesquels il est préférable d'utiliser le PEP exonéré du prélèvement libératoire de 7,5 %.

Avec deux contrats, dont un PEP, il est plus facile de jongler entre des sorties en capital et en rente viagère.

Les contrats à éviter à tout prix !

Deux sous-catégories de contrats sont à éviter. Il s'agit, d'une part, des contrats mixtes, d'autre part, des contrats à frais précomptés.

Les contrats mixtes

Ces contrats comportent une partie épargne et des garanties en cas d'accident, d'invalidité qui sont financées par une partie (assez mal définie) des primes versées.

De fait, l'assuré ne sait guère ce qu'il consacre à l'épargne et ce qui est utilisé pour les garanties.

▶ Aujourd'hui, ces contrats sont de plus en plus rares. Mais si l'on vous en propose, mieux vaut les refuser et ouvrir un premier contrat d'épargne et un second contrat distinct apportant des garanties de prévoyance, comme une assurance temporaire décès ou un contrat de rente éducation en faveur de vos enfants.

Les contrats à frais précomptés

Certains contrats accordent des commissions importantes aux vendeurs qui s'imputent sur la valeur d'épargne du contrat. On dit qu'il s'agit de contrats à commissions précomptées.

▶ Pour savoir si vous êtes face à un contrat de ce type, il faut demander à l'assureur de vous indiquer la valeur de rachat de votre contrat. Si celle-ci est très inférieure à la prime versée, vous êtes dans un contrat mixte.

◆ Exemple : Vous investissez 1 000 € dans un contrat, à la fin de la première année, la valeur de rachat est de 450 €, au bout de la seconde année de 600 €, vous êtes bien dans un contrat à frais précomptés.

Dans un contrat avec des frais normaux, vous auriez une valeur de rachat égale à votre versement moins 4 ou 5 % de frais d'entrée, moins les frais de gestion, c'est-à-dire que pour un versement de 1 000 €, vous bénéficieriez d'une valeur d'au moins 940 à 960 €.

Des contrats à la fois mixtes et précomptés

Il arrive, fréquemment, que les contrats à frais précomptés soient, en même temps, des contrats mixtes, ceci afin de « brouiller » les pistes.

LES BONNES RÈGLES DE GESTION À CONNAÎTRE !

Utiliser au moins deux contrats

C'est un principe de base que chacun devrait mettre en œuvre.

En effet, le nombre de contrats que l'on peut souscrire n'est pas limité. Ouvrir plusieurs contrats permet d'avoir accès à plusieurs gestions et, donc, de ne pas mettre tous ses œufs dans le même panier. Selon les cas, les contrats peuvent être l'un en euros, l'autre multisupport ou DSK.

■ Prenons l'exemple d'un assuré dont l'horizon de sortie est supérieur à 10 ans et qui bénéficie d'un pouvoir d'épargne suffisamment élevé. Supposons qu'il ouvre deux contrats l'un multisupport, l'autre DSK. Son contrat multisupport lui permet de prendre des orientations diverses de gestion sur un horizon de placement long afin de pouvoir constamment adapter ses placements. Grâce à son contrat multisupport, s'il traverse demain des phases difficiles, comme une période de chômage pendant laquelle il souhaitera ne pas prendre de gros risques, il pourra se replier, au moins temporairement, vers un support sécuritaire. Son contrat DSK lui donnera, certes, moins de possibilités de mouvements, car les avantages de ce type de contrat sont, souvent compensés par une rigidité, mais il lui servira de réceptacle pour des supports d'actions européennes et françaises.

Opter pour des versements programmés

Ils permettent de se constituer une épargne en « lissant » les risques. La plupart des contrats d'assurance-vie autorisent des versements mensuels à partir de faibles sommes.

Choisir des profils pour limiter le risque

La plupart des contrats multisupports ont mis en place des profils gérés. Certains contrats vont jusqu'à en offrir un nombre important. Répartir entre plusieurs fonds profilés son épargne apporte une volatilité moindre, mais, en contrepartie, il faut savoir que la performance moyenne obtenue peut être plus faible.

Réaliser des arbitrages quand c'est nécessaire

De nombreux contrats autorisent un arbitrage annuel gratuit. Faut-il en profiter pour transférer ses fonds en tout ou partie d'un support à l'autre ?

La réponse est difficile entre les tenants des remises à jour systématiques et ceux qui optent pour conserver le cap d'une orientation.

En revanche, l'usage intempestif des arbitrages peut interdire certains bénéfices sur le long terme. En effet, en manquant seulement les quelques meilleures périodes de hausse, un épargnant peut passer à côté de gains substantiels.

Ne pas oublier que…

… la valeur des supports peut varier à la hausse ou à la baisse en fonction des marchés,

Une circulaire GAP du 30 novembre 1999 précise que pour les contrats souscrits à compter du 1er mars 2000, « la valeur de rachat exprimée en nombre d'unités de compte doit prendre en compte les différents prélèvements (frais de gestion, garanties annexes) effectués sur la provision mathématique des contrats.

L'assureur doit, en outre, attirer l'attention du souscripteur sur les fluctuations possibles, à la hausse ou à la baisse des différents supports sur lesquels le contrat est référencé, seul le nombre d'unités de compte est garanti et non leur montant.

Enfin, le mécanisme de passage du nombre d'unités de compte aux valeurs de rachat en euros doit être précisé ».

… et qu'il faut préparer la sortie de son contrat à l'avance, afin d'éviter toute baisse de valeur subite.

Il est donc préférable quelques mois ou quelques années (en fonction des montants et de la répartition des investissements sur les supports) avant de clore son contrat de passer, petit-à-petit, les fonds des supports dynamiques vers des fonds plus sécuritaires, d'autant qu'à l'intérieur d'un contrat d'assurance-vie, il n'y a aucune contrainte fiscale pour les transferts d'un support à l'autre.

Préférer l'assurance-vie multisupport ou le PEA ?

On a parfois comparé, notamment, dans les magazines patrimoniaux, les atouts des contrats d'assurance-vie multisupports et ceux des plans d'épargne en actions.

Certains épargnants avanceront que le PEA, contrairement au multisupport, permet de récupérer les avoirs fiscaux. C'est exact. Mais quel est le surplus d'intérêt lorsque l'on sait que le rendement moyen d'un portefeuille d'actions françaises n'est que de 3 % ?

En revanche, les multisupports ouvrent le droit aux arbitrages tout en préservant la fiscalité du PEA et en l'améliorant par celle de l'assurance-vie : le PEA offre une exonération d'impôt sur les intérêts et les plus-values. Le multisupport présente les mêmes avantages en leur alliant une exonération (plafonnée) des droits de succession.

Pour plus d'information, consultez en annexe :
– comment lire la simulation d'un assureur,
– les chiffres en euros de l'assurance.

II. La désignation du « bénéficiaire »

Une assurance-vie qui ne contiendrait pas, directement ou indirectement, de clause bénéficiaire, ou qui aurait une clause imprécise ou une clause nulle entraînerait une réintégration des fonds versés dans l'actif successoral.
Pour éviter ce risque, le bulletin d'adhésion du contrat d'assurance-vie prévoit généralement une clause type. Rien n'oblige l'assuré à opter pour cette clause. Il suffit, simplement que les bénéficiaires soient déterminables, mais ils doivent pouvoir être identifiés sans ambiguïté.

De nombreuses possibilités pour la clause

La clause bénéficiaire est librement libellée
Les bénéficiaires doivent être désignés par leur nom, leur prénom, leur date de naissance et, éventuellement, leur lien de parenté avec l'assuré. Peuvent ainsi être nommés bénéficiaires, sans indication de leur nom, le conjoint non séparé de corps, à défaut, les enfants, nés ou à naître, à défaut, les héritiers. Mais, dans chaque contrat, il est possible de désigner toute autre personne de son choix en utilisant la partie libre de la clause bénéficiaire.

Quelques exemples de clauses

Voici quelques exemples :

La clause bénéficiaire dite « standard »

Par exemple : « *mon conjoint, à défaut mes enfants nés ou à naître, par parts égales entre eux, à défaut mes héritiers* ».
En cas de remariage et en l'absence de modification de la clause, le deuxième conjoint est le premier bénéficiaire.

La clause de bénéficiaires multiples

Le choix peut aussi se porter sur des bénéficiaires multiples. Chacun d'entre eux percevra, alors, la part qui lui est destinée.

■ Par exemple : Mme X… pour 45 %, « M. H… pour 35 %, M. Z… pour 20 % ».

Il peut être opportun de multiplier le nombre de bénéficiaires de même rang, ceci afin de faire jouer à plein l'abattement de 152 500 € et donc de les faire bénéficier de l'exonération de droits de succession pour un montant de capital plus important.

■ Par exemple : mon fils Paul pour 152 500 €, ma fille Pascaline pour 152 500 €, mon petits-fils Pierre pour 152 500 €.

La clause de bénéficiaires successifs

L'assuré peut, aussi, désigner de bénéficiaires successifs : « M. X… ou à défaut M. Y… ». En cas de décès du premier bénéficiaire, sa part reviendra au second et ainsi de suite. En cas de vie du bénéficiaire en première position, ceux de seconde ou de troisième position ne percevront rien.

► Une bonne solution consiste à souscrire plusieurs contrats, ce qui offre une plus grande souplesse d'utilisation.

La clause bénéficiaire doit être adaptée à l'assuré

Dans un arrêt récent, la cour d'appel de Paris (30 avril 2002) considère qu'un assureur n'a pas rempli son devoir de conseil en faisant souscrire un contrat d'assurance-vie avec une clause standard.

Voici les faits : en mars 1996, une personne, alors âgée de 84 ans, souscrit un contrat d'assurance-vie d'un montant de 125 000 F (19 056 €), désignant comme bénéficiaire, en cas de décès, « son conjoint, à défaut ses enfants nés ou à naître, à défaut ses héritiers ». Son époux décède en novembre 1996 et elle-même en juin 1997. Sa fille perçoit l'intégralité du capital. Or ce couple avait eu un autre enfant décédé au préalable le 8 septembre 1987.

La fille de cet autre enfant (petite-fille de l'assurée) a alors assigné la compagnie d'assurances pour bénéficier d'une partie du capital laissé par sa grand-mère en tant qu'ayant-droit de son père. Or le contrat qui ne contenait pas de clause de représentation ne permettait pas à cette fille de toucher la part qui aurait dû revenir à son père, alors que le contrat aurait dû le prévoir dans le cas présent.

Les magistrats ont jugé : « Il convient pour l'assureur, s'agissant de contrats d'assurance-vie soumis à une législation spécifique exorbitante de droit commun, d'informer le souscripteur – assuré qu'à l'inverse des règles de dévolution successorales, la représentation des enfants pré-décédés par leurs enfants n'est ni droit, ni automatique, ce afin d'écarter tout risque de confusion chez un assuré profane ».

Un exemple de clause de représentation des petits-enfants

Afin de donner à chacun des petits-enfants, en cas de décès prématuré de leur père ou mère, ce que leur parent respectif aurait reçu, il faut ajouter, dans la clause bénéficiaire du contrat, après la désignation de chacun de vos enfants : « ***vivants ou représentés, par parts égales entre eux*** ».

En effet, l'oubli de cette précision pourrait être grave en cas de décès prématuré des enfants désignés comme bénéficiaires. Avec la clause préconisée, le partage se fait selon les parts respectives des enfants.

■ Exemple : un de vos enfants recevant 1 000 € décède en laissant 2 enfants, l'autre enfant décède en recevant 1 000 € et en laissant 5 enfants. Dans chaque ligne les petits-enfants se partageront ce qu'ils reçoivent de leur auteur. C'est dire que chacun des deux petits-enfants, d'un côté, auront 500 € (1 000 € / 2 = 500), alors que, de l'autre côté, les cinq petits-enfants auront, chacun, 200 € (1 000 € / 5 = 200).

Effets sur le contrat de l'indication du conjoint comme bénéficiaire ou co-assuré

1. Le contrat souscrit par un époux au profit de l'autre avec de l'argent commun :

– en cas de décès du conjoint assuré, les capitaux sont versés au survivant dans le cadre de la fiscalité assurance-vie;

– en cas de décès du conjoint bénéficiaire, le contrat reste ouvert. Ce sont les autres bénéficiaires désignés selon leur ordre qui profiteront des capitaux une fois l'assuré décédé.

– en cas de divorce des époux, la valeur de rachat du contrat est normalement partagée entre les deux époux par parts égales.

2. Le contrat souscrit par deux époux avec de l'argent commun (co-adhésion) : le dénouement du contrat peut être prévu au premier décès ou au second décès, les conséquences fiscales sont différentes :

– le dénouement du contrat prévu au premier décès : au premier décès, le conjoint survivant pourra recueillir les fonds; il pourra, alors, souscrire un nouveau contrat;

– le dénouement du contrat peut être prévu au second décès : le capital décès est dû par l'assureur après le décès du deuxième assuré. En pratique, de telles adhésions visent à faciliter le transfert d'actifs entre les patrimoines des assurés. Mais, sauf si les deux co-assurés sont mariés sous un régime de communauté universelle avec une clause d'attribution intégrale de la communauté au conjoint survivant, les époux risquent d'être embêtés. En effet, le contrat est considéré comme une donation indirecte proportionnellement à ce qui a été financé par l'époux prédécédé.

Les clauses bénéficiaires particulières

C'est notamment le cas lors de la souscription par un mineur, en cas de co-souscription, en cas de clause bénéficiaire avec démembrement de propriété ou en cas de clause bénéficiaire rédigée par testament.

▶ Profitez des conseils de l'assureur et de votre notaire pour rédiger une clause adaptée à votre situation.

La **désignation dans un testament** présente l'avantage de ne pas dévoiler l'identité des bénéficiaires dans le contrat. Ces derniers ne pouvant découvrir du vivant de l'assuré la libéralité dont ils font l'objet, ne peuvent donc pas accepter le bénéfice du contrat du vivant de l'assuré. En contrepartie, au décès de l'assuré, elle interdit une totale confidentialité dans la mesure où les autres héritiers auront connaissance de la clause lors de l'ouverture du testament.

Désigner son **conjoint bénéficiaire** d'un contrat d'assurance-vie permet, quel que soit le régime matrimonial, de l'associer dans une certaine mesure à l'augmentation du patrimoine commun et de lui donner une partie des fruits de son travail ou provenant de la communauté de vie. Pour assurer **l'avenir du concubin**, le contrat d'assurance-vie présente encore plus d'avantages. La souscription d'un contrat d'assurance-vie est particulièrement utile, car le concubin va pouvoir obtenir un capital qui, dans une certaine mesure au moins (152 500 €), sera exonéré de droits de succession.

Pour des **partenaires ayant signé un pacte de solidarité** (Pacs), l'assurance-vie apporte, également, un avantage considérable, à condition que le souscripteur écarte expressément la présomption d'indivision des biens (figurant dans la loi) lors de la souscription du contrat.

Le dépôt de la clause bénéficiaire chez un notaire

Un contrat d'assurance-vie faisant référence à une clause déposée chez un notaire peut stipuler, seulement, dans sa clause une formule du type suivant : « *Les modalités d'exécution de la clause bénéficiaire sont déposées chez maître X, notaire à X* ».

Le notaire n'est pas obligé d'avoir connaissance de cette clause, puisque celle-ci peut avoir été déposée par l'assuré en son étude sous un pli cacheté, ce pli étant enregistré comme un acte de dépôt chez ce notaire.

Quelles sont les garanties en faveur des bénéficiaires désignés ?

En raison de la variation importante de leur valeur, les contrats multisupports et les contrats DSK (voir p. 34) peuvent comporter des garanties spécifiques qui permettent au(x) bénéficiaire(s) de recevoir avec certitude un montant fixé à l'avance ou déterminable selon des règles précisées dans le contrat.

Ces assurances permettent de garantir les bénéficiaires du contrat contre une performance négative de certains supports. Ces garanties sont financées par un prélèvement spécifique (qui ne s'applique que lorsque les sommes assurées sont inférieures au montant assuré) ou sur les frais de gestion.

Voici les principales assurances proposées.

Garantie plancher

Elle offre la certitude d'obtenir un capital au moins égal au cumul des versements nets de l'assuré.

■ Exemple : l'assuré verse 10 000 € + 300 € de frais d'entrée, ses bénéficiaires récupéreront, au moins, 10 000 €.

Garantie plancher majorée ou indexée

Le bénéficiaire du contrat percevra un capital au moins égal à la somme des versements nets de l'assuré revalorisée en fonction d'un indice ou d'une référence, par exemple, le taux du Livret A de la Caisse d'Épargne ou l'évolution du point de retraite des cadres, ce taux pouvant être majoré de 1 ou 2 points.

Garantie du plus haut historique ou garantie cliquet

Le capital garanti est au moins égal au plus haut niveau d'épargne atteint à une période déterminée, par exemple, à la fin d'un trimestre civil.

■ Exemple : l'assuré verse 10 000 € + 300 € de frais d'entrée. Supposons qu'il décède alors que la valeur du contrat est à 12 500 €, mais que le plus haut de fin d'un trimestre ait atteint 14 900 €. Ses bénéficiaires percevront 14 900 €.

Garantie temporaire décès

Dans ce cas, l'assuré souhaite majorer l'épargne constituée sur son contrat par un capital complémentaire. C'est l'équivalent d'une assurance temporaire décès dont les cotisations sont prélevées mensuellement sur l'épargne gérée.

■ Exemple : l'assuré verse 10 000 € + 300 € de frais d'entrée. Supposons qu'il souhaite garantir un capital de 20 % supplémentaire au montant de l'épargne. Lorsque l'épargne sur son contrat est égale à 12 000 €, la garantie porte le capital à 14 400 € (12 000 + 20 %). Si elle est de 20 000 €, la garantie porte l'épargne à 24 000 € (20 000 € + 20 %).

▶ **Bon à savoir** : il n'y a pas de prélèvements sociaux sur un capital reçu au titre d'une assurance-décès, indépendante ou associée à un contrat d'assurance-vie.

Après le décès de l'assuré, est-il intéressant pour les bénéficiaires de laisser le contrat se poursuivre afin de percevoir des intérêts ?

Non, le contrat se termine au décès de l'assuré.

Une personne (le conjoint, par exemple), qui laisserait continuer le contrat dans l'espoir d'en percevoir les intérêts et plus-values après décès ne verrait pas ses espoirs couronnés de succès.

La clause bénéficiaire ayant vocation à prendre effet après le décès de l'assuré, il est donc préférable pour les bénéficiaires de clore le contrat de l'assuré défunt, puis d'ouvrir un nouveau contrat à leur nom.

Que recevra le bénéficiaire ?

En cas de décès du souscripteur, le ou les bénéficiaires désignés reçoivent l'épargne acquise à la date du décès. Sur les contrats en euros, les bénéficiaires désignés perçoivent, obligatoirement, des espèces qui représentent la valeur d'épargne du contrat. En revanche, sur les contrats multisupports cette épargne est la contrepartie des unités de compte du contrat, lesquelles peuvent être en hausse ou en baisse.

Le bénéficiaire peut choisir le règlement en espèces

Dans ce cas, la somme qui lui est versée est égale à la contre-valeur en devises des unités de compte, sur la base de la valeur de rachat ou de réalisation de ces titres à la date prévue à cet effet par le contrat. Cette date ne peut être postérieure de plus de trente jours à la date de présentation à l'assureur de la demande de paiement.

Recevoir les parts des supports en nature

Dans un souci de protection des épargnants, le Code des assurances prévoit que l'assuré peut choisir entre des espèces ou des titres.

Mais essayez d'obtenir des titres lorsque les conditions générales du contrat ne le prévoient pas ! ! Et pourtant quelques contrats offrent la possibilité de récupérer des actions de Sicav ou des parts de FCP au lieu des espèces correspondantes. C'est une solution plus intéressante pour les bénéficiaires si le décès de l'assuré intervient dans une période de baisse. En effet, en conservant leurs titres, les bénéficiaires peuvent espérer, ensuite, les céder à un meilleur prix en cas de hausse du marché.

Ouvrir un contrat à son nom

Enfin, certains contrats offrent la possibilité aux bénéficiaires d'ouvrir un contrat à leur nom sans supporter de frais d'entrée à condition d'y investir la totalité ou une partie de l'épargne provenant du contrat du défunt.

Ce procédé est assez courant, mais il est loin d'être systématique. Une bonne façon de conserver le client !

Mais rien n'empêche le bénéficiaire de négocier cette possibilité avec l'assureur même lorsqu'elle n'est pas prévue.

L'ACCEPTATION DU BÉNÉFICIAIRE REND LES FONDS INDISPONIBLES

L'acceptation par le bénéficiaire entraîne le blocage du contrat au profit du bénéficiaire désigné. Cette acceptation peut être exercée avant ou après le décès de l'assuré. Elle n'est soumise à aucune règle formelle. Il suffit de l'envoi d'une simple lettre à l'assureur.

Si l'acceptation du bénéficiaire intervient du vivant de l'assuré, ce dernier est contraint d'avoir son accord pour récupérer une partie ou la totalité de son épargne. Pour éviter ce risque, il est possible à l'assuré de limiter l'acceptation partielle, ce qui laisse à l'assuré la possibilité de retirer des fonds au-delà de cette somme.

> ▶ Prenez vos précautions afin de garder la maîtrise de votre contrat et de pouvoir changer de bénéficiaire.

Pallier à l'insécurité juridique

Pour mettre fin à l'insécurité juridique et au risque d'acceptation du bénéficiaire avant le décès du souscripteur assuré, plusieurs axes peuvent être envisagés :

– rester discret sur l'identité du bénéficiaire,

– limiter conventionnellement les effets d'une éventuelle acceptation,

– instaurer une acceptation par voie d'avenant ou par un testament déposé chez notaire et qui ne sera connu qu'au décès de l'assuré.

Vers une adaptation à l'avenir de la clause bénéficiaire ?

Une lettre de la FFSA du 30 avril 2002 indique l'intention commune des notaires et des assureurs de réfléchir à un nouveau texte qui, sans renier les droits des bénéficiaires, donnerait plus de latitude à l'assuré, du moins ne lui interdirait plus de disposer de son vivant de son contrat. Assureurs et notaires vont donc se pencher sur la manière d'améliorer la protection des assurés : « *Par ailleurs, les deux professions partagent la même analyse selon laquelle il conviendrait de préciser la portée de l'acceptation du bénéficiaire afin que celle-ci ne bloque pas l'exercice du droit au rachat par le souscripteur contre sa volonté.*

Notre objectif est que l'acceptation du bénéficiaire n'ait pas pour effet, sauf renonciation expresse du souscripteur, de priver ce dernier de l'exercice à son profit du droit de rachat. Cette renonciation ne serait opposable à l'assureur que si elle était portée à sa connaissance. »

Cette approche nécessite une démarche commune auprès des pouvoirs publics qui sera effectuée conjointement par les deux professions.

Les justificatifs que devront présenter les bénéficiaires

Les bénéficiaires ont certaines obligations envers l'assureur afin de pouvoir percevoir les capitaux du contrat. Ces obligations sont décrites dans les conditions générales du contrat.

Il s'agit, généralement, d'envoyer à l'assureur un courrier informant du décès de l'assuré, accompagné des pièces suivantes :

Les documents concernant l'assuré décédé

Il faudra :

– un acte de décès original ou copie de l'acte avec la mention : « copie certifiée conforme ».

– une fiche familiale d'état civil du défunt avec toutes les mentions marginales.

– l'original des Conditions Particulières du contrat, à défaut, une déclaration de perte de ce document signée par le(s) bénéficiaire(s)

– l'adresse de la recette des impôts dont dépendait le défunt.

Les documents concernant le ou les bénéficiaires

Il faudra :

– une lettre du ou des bénéficiaire(s) demandant le règlement du capital décès et précisant s'il souhaite recueillir les titres ou les replacer sur un contrat à son nom;

– la fiche individuelle d'état civil de chaque bénéficiaire (ou copie de la carte nationale d'identité);

▶ Depuis fin 2000, il n'y a plus d'obligation de produire une fiche d'état civil. Or, les conditions générales des contrats d'assurance-vie conditionnent, généralement, le versement du capital à la justification de l'identité du bénéficiaire. Dorénavant, les assureurs demandent la production d'une photocopie du livret de famille ou de la carte nationale d'identité, ou encore, en original, un extrait d'acte de naissance. Ils peuvent, le cas échéant demander une attestation sur l'honneur de l'identité.

– un acte de notoriété si les bénéficiaires ne sont pas nommément désignés ;
– les adresses de chaque bénéficiaire.

Comment savoir qu'il existe un contrat d'assurance-vie ?

En l'absence de réclamation du bénéficiaire, l'assureur ignore le décès de l'assuré et il ne peut pas verser les fonds.

Il existe deux possibilités de retrouver les traces d'un contrat lorsque l'on ne connaît pas l'assureur de ce contrat.

- **Contacter le CIRNS**
  42 rue de Dunkerque
  75009 Paris
  2 Quai de Bondy
  69005 Lyon

Le Centre d'Inscription au Répertoire National des Souscripteurs (CIRNS), qui est un organisme privé, a créé un répertoire national recensant les contrats d'assurance-vie.

À l'extinction du contrat, le Centre a pour objectif de révéler, rapidement, aux bénéficiaires l'existence du contrat, et d'avertir la compagnie d'assurances du décès de l'assuré.

Le coût de l'enregistrement du contrat est de 13 € et celui de l'interrogation est de 8 €. Il est effectué à la demande de l'assuré pour être en conformité avec la CNIL (Commission Nationale Informatique et Libertés).

Les personnes souhaitant savoir s'ils sont bénéficiaires d'un contrat souscrit par un défunt doivent joindre un certificat de décès du défunt, une photocopie de la carte d'identité et d'une quittance EDF/Téléphone, un chèque de 10 € à l'ordre du CIRNS.

- **Contacter la FFSA**
  26, boulevard Haussmann
  75311 Paris Cedex 09

La Fédération Française des Sociétés d'Assurances (FFSA), qui est le syndicat représentatif des compagnies d'assurances, recherche, à la demande des notaires, les contrats d'assurance-vie ayant pu être souscrits auprès de ses membres. Pour cela, chaque semaine, elle envoie à ses adhérents des demandes en les priant, dans le strict respect des règles de confidentialité, d'indiquer si les personnes nommées ont, ou non, souscrit des contrats.

III. Les frais prélevés sur les contrats

Les frais prélevés par l'assureur sont, en principe, de trois niveaux :

- à l'entrée lors du versement des primes,
- chaque année sur le montant de l'épargne gérée,
- lors des transferts d'argent d'un fonds à l'autre.

Mais certains contrats sont plus mesquins que d'autres. Ils ajoutent, par exemple, des frais d'adhésion, de dossier ou forfaitaires de souscription ainsi que des frais de sortie anticipée. En assurance-vie, les frais sont appelés en jargon technique « chargements ».

Les frais d'entrée

Encore appelés « frais de versements » ou « frais de souscription », ils sont prélevés lors du versement des primes et ils varient de 0 % à 5 %.

Il y a deux modes de calcul de ces frais : soit ils sont inclus dans la prime versée, soit ils s'ajoutent à cette prime. Mais dans l'un ou l'autre cas, la performance du contrat est calculée sur les sommes investies, frais d'entrée déduits.

Pour **calculer la somme à investir compte tenu des frais d'entrée**, il vous faut faire le calcul suivant :

Somme totale à verser = somme investie dans le contrat / (100 – taux de frais) × 100.

◆ Exemple : vous voulez investir 10 000 € sur votre contrat. Quelle somme totale devez-vous verser y compris les frais d'entrée avec des frais d'entrée de 3 % :
Somme totale à verser = 10 000 / (100 -3) × 100 = 10 309 €.

◆ Vous voulez verser 10 000 € y compris les frais d'entrée de 3 %. Quelle somme allez-vous réellement investir dans votre contrat ?
Somme investie dans le contrat = Versement total × (100 – taux de frais) / 100
10 000 × (100 – 3 %) / 100 = 9 700 €.

L'incidence des frais d'entrée sur la rentabilité

Quel rendement annuel net faut-il percevoir pendant 8 ans pour obtenir le même rendement, selon que le contrat n'a pas de frais d'entrée, qu'il a des frais de 3 % ou de 5 % ?

Rémunération sans frais (en %)	*Frais de 3 % (en %)*	*Frais de 5 % (en %)*
7,5	7,9	8,16
7,75	8,15	8,41
8	8,4	8,66
8,25	8,65	8,91
8,5	8,9	9,16

Attention aux frais précomptés ou cachés !

Quelques assureurs prélèvent, parfois, leurs frais de manière très discrète en utilisant la technique des frais précomptés.

Voici comment ils amputent fortement l'épargne : l'assureur annonce des frais faciaux ordinaires (par exemple, de 4 %), mais au lieu d'investir la totalité des sommes qui lui sont confiées, il n'en place que 50 % ou 60 % au cours de chacune des deux ou trois premières années. Aussi, il retient les 50 ou 40 % non investis et il les distribue à ses commerciaux ou à ses réseaux. Ceux-ci sont, donc, bien payés, mais l'épargnant, lui, ne dispose que de performances sur les 50 % ou 60 % investis au lieu des performances sur les 96 % investis au cas où il aurait supporté des frais de 4 %.

Quelques contrats prélèvent encore des frais dits précomptés. Mieux vaut les éviter ! (voir p. 50 et s.).

La difficulté consiste à repérer que le contrat a bien des frais précomptés, car les assureurs ne vous l'indiqueront pas forcément. **Comment le savoir alors ?** Demandez à la personne qui vous propose une assurance-vie de vous indiquer la valeur de rachat minimale du contrat au cours des huit premières années (la valeur de rachat minimale est égale à la valeur minimale de l'épargne disponible). C'est d'ailleurs, pour le vendeur une obligation de le faire.

Si, les premières années de votre contrat, la valeur de rachat est très inférieure aux sommes investies, le contrat est à frais précomptés.

> ■ Exemple : Vous avez versé 10 000 €, la valeur de rachat est de 4 900 € au terme de la première année ou de 7 000 € au terme de la seconde année : c'est un contrat à éviter !

Exceptionnellement des frais spécifiques aux supports peuvent s'ajouter

La plupart du temps, les frais d'entrée du contrat se substituent aux frais des supports. En effet, normalement, une

Sicav ou un FCP demande des frais (appelés commission de souscription) de 1 % à 3 %. Ces frais ne s'ajoutent pas, sauf exception aux frais d'entrée des contrats. La majorité des assureurs ont, en effet, négocié avec les promoteurs de Sicav ou de FCP les frais et ils font leur affaire de reverser une partie des frais d'entrée au promoteur de la Sicav ou du FCP.

Cependant, sachez qu'il peut y avoir quelques exceptions. Il est donc toujours intéressant de s'assurer que le contrat souhaité ne prélève pas, en plus des frais d'entrée, des frais sur les supports.

Les frais d'adhésion, de dossier ou forfaitaires de souscription

Il s'agit, pour les contrats demandant ce type de frais, d'une somme forfaitaire allant, souvent, de 10 à 30 €, prélevée annuellement ou une fois pour toutes lors de la souscription.

Certains contrats associatifs peuvent également demander des frais pour l'association. Généralement, il s'agit de frais peu élevés.

Les frais de gestion

D'un montant de 0,50 % à 1,50 % l'an, ces frais sont prélevés sur l'épargne disponible du contrat.

Le rendement brut moins les frais de gestion correspond au rendement net que vous percevez effectivement.

- Aussi, un rendement brut de 10 % devient un rendement net de 9,5 % si les frais de gestion sont de 0,5 %.

Sauf de rares exceptions, les assureurs communiquent les performances de leurs contrats après déduction des frais de gestion : cette performance nette est celle qui est soumise aux différentes cotisations sociales et aux prélèvements fiscaux.

Dans un contrat multisupport, sauf de rares exceptions, les frais de gestion du contrat s'ajoutent à ceux des OPCVM.

■ Supposons qu'une SICAV prélève normalement des frais de gestion de 1,50 % son insertion dans un contrat multisupport qui prélève des frais de 0,50 % a pour effet de porter les frais de gestion à hauteur de 2 %.

▶ Ces frais peuvent paraître élevés, mais c'est le prix à payer pour bénéficier du régime de l'assurance-vie. En outre, comparée à un compte-titres (qui lui ne dispose d'aucun atout juridique), l'assurance-vie ne prélève ni frais annuels de tenue de compte, ni frais de dépôt pour les OPCVM détenus dans le cadre du contrat. En résumé, le total des frais pour une assurance-vie n'est pas prohibitif.

Pourquoi des frais d'arbitrage ?

Le transfert de l'épargne d'un support à un autre entraîne une ou plusieurs écritures comptables que les contrats couvrent en prélevant des frais.

Ces frais varient, la plupart du temps, de 0,50 à 1 % du montant de l'épargne transférée lors de chaque modification de la répartition initialement choisie.

Parfois, un minimum forfaitaire de frais (de quelques dizaines d'euros) ou un plafond de frais (de quelques dizaines ou centaines d'euros) sont prévus. De plus en plus de contrats offrent un arbitrage annuel gratuit.

Les frais de sortie anticipée

Certains contrats d'assurance-vie prélèvent des frais, appelés aussi pénalités de sortie. D'un montant de 5 % maximum, ils sont, généralement, dégressifs d'année en année, c'est-à-dire que 4 ou 5 ans après l'ouverture du contrat, il n'y a plus de frais.

Ces frais servent à dissuader l'assuré de changer de support ou d'aller chez un autre assureur. C'est, en quelque sorte, une fidélité forcée !

Surveillez le montant de tous les frais !

Même s'il ne faut pas sacrifier à la recherche absolue d'absence de frais, il faut savoir que les frais ont une incidence sur la rentabilité, en particulier, les frais d'entrée et de gestion.

> ■ Ainsi, par exemple, par rapport à un contrat sans frais d'entrée offrant une performance de 7,5 % l'an, des frais d'entrée de 5 % sur une durée de 8 ans amputent la performance de 0,66 % l'an. Des frais d'entrée de 3 % amputent la performance de 0,40 % l'an.

Les frais de gestion sont les plus lourds

Ainsi, des frais de gestion qui paraissent anodins de 0,75 % l'an correspondent à des frais d'entrée de plus de 5 %.

> ■ Un assureur qui se vanterait de ne pas prendre de frais d'entrée et qui, par exemple, retirerait des frais de gestion annuels de 1,20 % est bien moins généreux pour ses clients que celui qui prélève, à la fois, des frais d'entrée de 3 % et des

frais annuels de gestion de 0,75 %. En investissant 10 000 € chez le premier, vous auriez au bout de dix ans 19 306 €, tandis que chez le second, vous auriez 19 531 €, soit 225 € de plus ! Alors qu'apparemment l'assureur qui ne vous demandait que des frais de gestion paraissait le mieux placé. À tort !

Sachez qu'il est préférable de supporter des frais d'entrée de 4 % et des frais de gestion de 0,75 % plutôt que des frais d'entrée de 3 % et des frais de gestion de 1 % ou encore qu'il vaut mieux des frais d'entrée de 5 % avec des frais de gestion de 0,50 % plutôt que des frais d'entrée de 1 % et des frais de gestion de 1,25 %.

Pour plus d'information, consultez en annexe :
– comment lire la simulation d'un assureur ?

IV. Quels versements ?

En assurance-vie, les versements faits par l'assuré s'appellent des « primes » ou encore des « cotisations ».
Selon le contrat, vous pouvez alimenter votre assurance-vie de plusieurs manières : un versement unique, des versements périodiques ou programmés, des versements libres.

Les trois types de versements

Le versement unique

L'assuré verse une somme déterminée et le contrat est clos une fois cette prime versée. Dans certains contrats à prime unique, un montant minimum élevé de plusieurs milliers d'euros peut être exigé.
L'avantage de la prime unique est de bien identifier chaque versement (et de voir, ainsi, combien il rapporte sans calculs compliqués) et, surtout, de permettre une capitalisation plus importante que la même somme placée en plusieurs fois.

> ■ Si vous versez 5 000 € le 1er septembre 2002, vous obtiendrez plus d'intérêts que si vous faites cinq versements de 1 000 € entre le 1er septembre 2002 et le 1er septembre 2006.

L'inconvénient pour les contrats en unités de compte et les contrats multisupports d'une prime unique importante est le risque d'investir au mauvais moment. Si un versement important a lieu sur un support alors qu'il est au plus haut, la plus-value sera faible, voire il peut y avoir une perte.

> ■ Ainsi, ceux qui ont ouvert leur contrat en mars 2000, ont souvent perdu entre 15 et 40 % deux ans après. Mais la réciproque est vraie lorsque la prime unique est versée à bon escient. Par exemple, ceux qui ont versé fin 1998 des fonds sur un contrat multisupport disposaient un an et demi plus tard d'un gain de plus de 50 %.

Aujourd'hui, rares sont les contrats qui n'acceptent que des primes d'épargne uniques, la plupart des contrats proposent, à la fois, deux autres types de versements : les versements périodiques ou programmés et les versements libres.

Les versements périodiques ou programmés

L'assuré s'engage à verser, selon une périodicité définie (ou un programme de versements), une somme déterminée. Selon les contrats, cette somme est, généralement, faible (exemple : chaque mois 45 €).

L'avantage de ce type de versement est d'être indolore. Son principal inconvénient réside dans des frais qui peuvent être plus importants – parce que non « négociables » – que dans un contrat dont le montant du versement est plus élevé.

Que se passe-t-il lorsque l'assuré suspend le paiement des primes périodiques ?

Verser les primes d'une assurance-vie n'est jamais obligatoire. Même si vous avez choisi des versements périodiques, vous pouvez arrêter de verser vos primes quand vous le souhaitez.

S'il s'agit d'un contrat à versements périodiques, l'assureur doit vous informer des conséquences de l'arrêt de vos paiements :

– soit vous rachetez votre contrat;
– soit vous le réduisez.

Le rachat ou la réduction sont de droit si 2 années de primes ont été payées

L'assureur ne peut refuser le rachat ou la réduction du contrat lorsque 15 % des primes annuelles ont été versées ou au moins deux primes annuelles ont été payées.

C'est la perception de la totalité de l'épargne disponible (capital et intérêts) moins d'éventuelles pénalités prévues dans le contrat (la réglementation les limite au maximum à 5 % au cours des dix premières années de votre contrat) et la fiscalité qui est applicable (voir ci-dessous).

Les sommes vous revenant doivent vous être versées au plus tard dans les deux mois de votre demande de rachat; à défaut, l'assureur vous doit des intérêts légaux majorés.

Les modalités de calcul de la valeur de rachat d'un contrat d'assurance-vie en unités de compte dont les versements ont été investis en valeurs mobilières sont fixées par le règlement général du contrat ou ses conditions générales qui peuvent prévoir que l'assuré récupérera l'équivalent en espèces de son épargne ou qu'il pourra obtenir des titres.

La réduction du contrat

C'est la continuation d'un contrat à primes périodiques sans versement de nouvelle prime. L'épargne disponible sur le contrat continue de croître.

▶ Attention certains contrats peuvent prévoir des pénalités en cas de réduction, par exemple, une diminution des intérêts perçus.

Dans certains cas, le rachat peut d'office remplacer la réduction

L'assureur peut d'office substituer le rachat à la réduction si la valeur de rachat du contrat est inférieure à la moitié du montant brut mensuel du salaire minimum de croissance applicable en métropole, calculé sur la base de la durée légale hebdomadaire du travail, en vigueur au 1er juillet précédant la date à laquelle la réduction est demandée. (Pour information, la valeur du SMIC était de 1 154,27 € au 1er juillet 2002). Le rachat peut, donc, être imposé pour une valeur n'excédant pas 577,14 €.

Les versements libres sont les plus courants

Dans la limite d'un minimum et, parfois, d'un maximum, vous versez ce que vous voulez quand vous le souhaitez dans la limite d'un plancher et d'un plafond fixés par les conditions générales du contrat.

Le minimum de versement est, souvent, à l'ouverture du contrat de quelques centaines d'euros. Pour les versements libres suivants (dits versements complémentaires), ce minimum de versement est généralement plus faible. Quant au maximum de versement, il consiste, parfois, à limiter les versements sur un ou deux supports (exemple : pas plus de 1 million d'euros sur le support en euros), cela afin d'éviter à la compagnie d'assurances d'avoir à céder de gros actifs pour rembourser ses clients au cas où plusieurs clients importants sortiraient en même temps.

Ce mode de versement permet la plus totale liberté. Aujourd'hui, les trois quarts des versements réalisés sur les contrats d'assurance-vie sont des versements libres.

Quel mode de versement retenir ?

Si vous êtes cigale, préférez des versements périodiques. Au moins vous n'oublierez pas d'alimenter votre contrat. Si vous êtes fourmi, les versements libres vous conviendront bien.

Aujourd'hui, la plupart des contrats prévoient deux ou trois types de versements. À l'intérieur d'un même contrat, il est, donc, possible de faire, tour à tour, différents versements, par exemple, de prévoir des versements périodiques mensuels, puis de compléter son épargne quand on le peut par des versements libres supplémentaires.

Pas de paiement des primes en espèces au-delà de 3 000 €

Selon l'article 1649 *quater* B du Code Général des Impôts, il n'est pas possible de payer une prime d'assurance-vie en espèces : « Tout versement d'une prime ou d'une cotisation d'assurance au titre d'un contrat d'assurance-vie ou d'assurance décès doit être opéré selon les modalités prévues au premier alinéa, au-delà de 3 000 € par an et par contrat ».

Les contrevenants s'exposent à une amende de 15 000 €. Cette amende incombe pour moitié au particulier non commerçant qui a effectué le règlement et au vendeur de bien ou au prestataire de services qui l'a accepté, chacun étant solidairement tenu d'en assurer le règlement total.

V. La souscription du contrat

Les intervenants au contrat d'assurance-vie

Le contrat d'assurance-vie met en œuvre plusieurs personnes.

L'assuré et le souscripteur

L'assuré peut être différent du souscripteur, mais c'est, souvent, la même personne.

L'assuré, c'est celui sur la tête duquel le contrat est ouvert. Le souscripteur, c'est celui qui souscrit le contrat et en paie les primes.

Lorsque l'assuré et le souscripteur ne sont pas la même personne, c'est, par exemple, parce que l'assuré est une personne proche (enfant, par exemple) et que le souscripteur (parent, par exemple) paie la prime pour le compte de l'assuré.

L'assurance-vie concerne tout le monde. Cependant, les assureurs devraient éviter de proposer des contrats à des personnes de plus de 85 ans (voir p. 93).

Enfin, signalons que grâce aux contrats dits « intergénération », il est de plus en plus aisé d'ouvrir des contrats à des mineurs.

Vérification de l'identité de l'assuré

L'assureur a une obligation de vérifier l'identité de l'assuré. Cette obligation s'inscrit dans le cadre de la lutte contre « l'argent sale ». Cette obligation est considérée comme réalisée lorsque le paiement de la prime s'effectue par le débit d'un compte ouvert au nom du client auprès d'un établissement de crédit lui-même tenu à l'obligation d'identification.

Le contrat d'assurance est une convention aux termes de laquelle la compagnie d'assurance s'oblige envers le souscripteur du contrat pendant une période donnée, moyennant un versement unique ou périodique, à lui verser un capital ou une rente sous condition de vie.

Le contrat est généralement assorti d'une contre-assurance en cas de décès permettant à un tiers désigné (le(s) bénéficiaire(s)) de percevoir le capital. Ces contrats reposent sur une capitalisation viagère et financière de l'épargne constituée.

L'ouverture du contrat, dénommée aussi « souscription », est une étape très importante, car de votre choix initial dépend l'avenir de votre épargne.

Lors de la souscription du contrat et avant même de remplir votre bulletin de souscription ou de signer celui qui a déjà été rempli par votre conseiller en gestion de patrimoine, vous devez prêter attention aux éléments suivants.

Le(s) bénéficiaire(s) désigné(s)

Une ou plusieurs personnes (ou institutions, associations…) peuvent être désignées comme bénéficiaires du contrat d'assurance-vie.

Concernant la nécessité de désigner un ou plusieurs bénéficiaires et les modalités de leur désignation, voir *La désignation du bénéficiaire*.

Un assureur ou un intermédiaire distribuant des produits d'assurance

La diversité des intermédiaires distribuant les produits d'assurance

Les **assureurs** distribuent leurs contrats par des agents, des courtiers et des cabinets de conseils en gestion de patrimoine. S'ajoutent aussi plusieurs milliers de salariés commerciaux des compagnies et des mutuelles d'assurances qui travaillent dans des points de vente, qui sont, selon le cas, appelés délégations, bureaux d'accueil ou encore, agences.

Parfois ces salariés sont intéressés à la vente des contrats. Ils peuvent, donc, avoir intérêt à vendre plus un produit qu'un autre. Dans d'autres cas, notamment, les salariés des mutuelles d'assurances sont payés mensuellement et forfaitairement et sans lien avec les produits proposés.

Les **bancassureurs** (on appelle, ainsi, les compagnies d'assurances filiales de groupes bancaires) distribuent par leurs guichets bancaires. Étant donné que leurs agences sont nombreuses, ils sont, légèrement, majoritaires dans le chiffre d'affaires réalisé.

Les réseaux des assureurs

On compte 15 000 agents d'assurances, plus de 3 500 courtiers et cabinets de conseils en gestion de patrimoine.

Alors que les agents sont attachés à un assureur, les courtiers sont libres de travailler avec plusieurs assureurs. Depuis quelques années sont également apparus des conseils en gestion de patrimoine, dont le statut est généralement celui de courtier.

À la différence de l'agent général d'assurance qui est nommé par l'assureur en vertu d'une convention bilatérale signée avec cet assureur, le courtier est amené à travailler avec plusieurs sociétés d'assurance, auprès desquelles il représente les intérêts de son client. Pour travailler avec un assureur, le courtier doit disposer d'un code (accès) auprès de cet assureur.

Afin de permettre aux personnes qui le souhaitent de **vérifier l'existence légale d'un courtier ou d'un cabinet**, une liste des courtiers est tenue à jour sur minitel. Pour accéder au service, on compose :

– le code 3616 FFCA, pour les adhérents de la FCA (Fédération des Courtiers d'Assurance) ;

– le code 3616 FFCNA, pour les non-adhérents de la FCA.

Les agents, courtiers et cabinets conseils en gestion de patrimoine perçoivent des commissions de la part des assureurs.

Ces commissions consistent en une rétrocession d'une partie des frais prélevés sur l'assuré souscripteur du contrat (frais d'entrée ou de versements, frais de gestion, frais d'arbitrages : voir ci-dessous). Cette rétrocession est variable selon les compagnies. Elle varie, généralement, de 40 à 80 % des frais prélevés.

Les réseaux des bancassureurs

Les bancassureurs vendent *via* des salariés qui sont généralement plus ou moins commissionnés sur les produits vendus.

Ils perçoivent, ainsi, un salaire fixe et une partie supplémentaire de leur rémunération leur est versée en fonction d'objectifs commerciaux fixés par la banque ou le réseau auquel ils appartiennent.

Avant de choisir son contrat, on pourrait être tenté de choisir son assureur.

La solvabilité des opérateurs

Pour ce premier choix, la solidité financière est rarement un critère. Les compagnies sont sous la surveillance de la Commission de contrôle des assurances qui vérifie leur solvabilité. Les assureurs sont tenus de respecter des normes comptables et de gestion strictes ainsi que toutes les dispositions du Code des assurances ou du Code de la mutualité française (pour les sociétés mutuelles).

A priori, la sécurité offerte est bonne pour tous les assureurs, même si certains sont plus généreux envers leurs clients que d'autres.

Une grande sécurité pour les assurés

Afin de renforcer la protection des assurés, une loi du 25 juin 1999 relative à l'épargne et à la sécurité financière a mis en place un **fonds de garantie des assurés** afin d'éliminer tout risque de défaillance des sociétés d'assurance des personnes, mésaventure qu'avaient vécu les clients de deux petites compagnies d'assurances.

Conçu comme un volet ultime de protection des assurés, il est actionné par la Commission de contrôle des assurances une fois que celle-ci a épuisé les moyens dont elle dispose en vertu du Code des assurances pour remédier à la situation de défaillance d'une entreprise.

La Commission lance, alors, un appel d'offres en vue du transfert du portefeuille de l'entreprise. En cas de transfert, le fonds fera un versement dans les limites fixées par voie réglementaire à l'entreprise cessionnaire, sinon aux assurés.

UNE RÈGLE DE PRUDENCE À NE PAS OUBLIER !

▶ Lorsque l'on ne connaît pas l'intermédiaire (courtier ou cabinet de conseil en gestion de patrimoine) auquel on a affaire, il faut absolument verser ses primes par chèques et rédiger ce chèque à l'ordre de l'assureur et non pas au nom du cabinet ou du courtier. Même lorsque l'on a confiance dans son intermédiaire, cette règle est aussi à respecter.

En assurance, les risques ne sont pas au niveau de l'assureur, mais au niveau du distributeur. Il est, donc, impératif de veiller à choisir un bon intermédiaire quel que soit son statut.

Les règles déontologiques que doit respecter l'assureur

Bien qu'elle présente un certain univers de liberté pour organiser la protection de ses proches et pour la gestion de son patrimoine, l'assurance-vie doit respecter les règles du Code des assurances et de la Fédération Française des Sociétés d'Assurances (FFSA).

Cette dernière a **recommandé le 17 décembre 2001** aux assureurs de suivre plusieurs règles déontologiques en assurance-vie. Elles portent sur le contenu et la rédaction des contrats.

L'amélioration du langage de l'assurance-vie ne doit pas conduire à une présentation juridiquement et techniquement incomplète du contrat. C'est pourquoi celui-ci doit comporter les termes prévus par le Code des assurances pour qualifier les cotisations, les personnes assurées et les garanties. La recommandation s'applique, aussi, à la nature des garanties.

Pas d'ouverture de contrat au-delà de 85 ans ?

Parmi les règles déontologiques de l'assurance-vie, il a été récemment rappelé :

– que le contrat d'assurance-vie est un contrat aléatoire dont l'exécution dépend, contrairement à un produit financier, de la durée de la vie humaine. Il doit indiquer clairement l'existence de la ou des personnes assurées dont la survie ou le décès entraînent le paiement des prestations garanties : « *Il faut écarter les souscriptions dans des conditions qui laissent paraître un risque sensible de contestations ultérieures. L'entreprise devrait mettre en place un examen systématique lors d'une demande souscription au-delà d'un certain âge et, en tout état de cause, à partir de 85 ans.* »

Ceci ne veut pas dire qu'une personne de plus 85 ans ne puisse pas reverser sur un contrat qu'elle aurait ouvert au préalable. C'est juste l'ouverture d'un contrat qui est visée afin d'éviter les risques de remise en cause par la suite (voir : *Peut-on investir librement en assurance-vie ?*).

Le contrat d'assurance-vie peut apporter des **garanties complémentaires de prévoyance**, telles que le doublement du capital en cas de décès accidentel de l'assuré, la couverture de la perte totale et irréversible d'autonomie. Ces options doivent être clairement définies.

Les garanties en cas de vie et celles en cas de décès (notamment la garantie plancher qui consiste à garantir aux bénéficiaires qu'ils recevront au moins la somme investie par l'assuré) doivent être bien différenciées.

Enfin, le contrat d'assurance-vie doit comporter **une clause bénéficiaire** suffisamment rédigée. Les clauses types demeurent possibles, mais pas celles qui sont trop simplistes.

Les formalités juridiques lors de la souscription

Selon que le souscripteur et l'assuré sont une même personne ou qu'ils sont différents, que la souscription est conjointe (entre deux concubins ou deux époux, par exemple), que la souscription a lieu par un mineur, qu'elle est faite par un majeur sous curatelle, pour une personne handicapée ou suite à une donation des parents à leurs enfants ou des grands-parents à petits-enfants, il faut présenter un certain nombre de papiers.

Par exemple, on doit préciser l'identité de l'assuré (présenter une carte nationale d'identité ou un passeport en cours de validité), le cas échéant la copie du régime matrimonial, la justification de l'origine des fonds démembrés, la CNI ou le passeport des représentants légaux du mineur, l'ordonnance du juge des tutelles autorisant expressément la souscription du contrat par le mineur, la copie de l'acte de donation notarié ou la déclaration de don manuel (imprimé n° 2735) lors-

que les fonds alimentant le contrat proviennent d'une donation.
L'imprimé fiscal n° 2735 est à déposer en double exemplaire à la recette du domicile fiscal de celui qui reçoit le don.

LES DOCUMENTS DU CONTRAT D'ASSURANCE

Votre contrat d'assurance doit comprendre trois catégories de documents :
• **Le bulletin de souscription ou d'adhésion** (terme différent selon les compagnies, mais qui recouvre le même type de document). Généralement autocopiant, ce qui permet d'en faire plusieurs exemplaires (un original pour l'assuré, un pour la compagnie, un pour le distributeur), il indique les particularités du contrat : identité et adresse du souscripteur et de l'assuré (qui peuvent être différents, mais il s'agit, généralement, de la même personne), choix du montant des versements, choix des supports, clause bénéficiaire. Il peut comporter au verso les conditions générales et/ou particulières.
Sont précisés :
– le montant minimum du capital remboursable à l'échéance (en nombre d'unités de compte pour ce type de supports);
– la date de prise d'effet du contrat ainsi que la date d'échéance;
– le montant et la date d'exigibilité des primes versées;
– les délais et les modalités de règlement du capital.

Lorsque les **garanties** d'un contrat d'assurance sur la vie ou de capitalisation sont référencées sur une ou plusieurs unités de compte, celles-ci doivent être également énoncées au contrat. Le contrat doit aussi préciser la date à laquelle les primes versées sont converties en ces unités de compte ainsi que, le cas échéant, les dates périodiques d'évaluation retenues pour déterminer en cours d'année les valeurs de ces dernières. Les valeurs de rachat minimales sont indiquées pour les huit premières années du contrat.

• **Les « conditions générales »** : elles organisent la « vie du contrat » pour tous les assurés et donnent également les informations générales.

• **Les « conditions particulières »** : elles personnalisent le contrat. Elles comprennent notamment l'identité de l'assuré, la nature et la description du risque (choses ou personnes assurées), le montant de la garantie, le montant de la première prime…

En cas de contradiction, entre les « conditions générales » et les « conditions particulières », ce sont les « conditions particulières » qui priment sur les « conditions générales ».

L'assureur doit, aussi, vous remettre une **note d'information** (voir p. 11 et s.).

L'avenant est un document écrit qui constate les modifications au contrat d'origine. Lors de la souscription du contrat, il est rarement dressé un avenant, sauf, le cas échéant, pour préciser la clause bénéficiaire.

La durée du contrat

La durée pour laquelle le contrat est souscrit peut être la vie entière (le contrat cesse, alors, au décès de l'assuré) ou une période limitée dans le temps. Dans ce dernier cas, elle est, souvent, prorogeable annuellement par tacite reconduction.

Il est, généralement, de l'intérêt de l'assuré de choisir la durée la plus longue.

L'utilité d'une déclaration de réemploi

Si dans le cadre d'un couple marié sous le régime de la séparation de biens, l'alimentation du contrat d'assurance-vie provient de fonds propres de l'un des époux, il convient d'annexer au bulletin de souscription une déclaration de réemploi visant l'origine des fonds. Cette déclaration de réemploi peut se faire, soit sous la forme d'un acte sous seing privé (c'est-à-dire un acte écrit, rédigé sans notaire, et comportant la signature manuscrite des parties), s'il n'y a aucun problème de preuve quant à l'origine des fonds investis ou s'il y a intervention du conjoint au contrat, soit par un acte notarié si une difficulté risque de s'élever ultérieurement.

L'indication de la valeur de rachat

Le contrat doit comporter une information sur les valeurs de rachat minimales du contrat. Dans le cas d'un support en euros, ces informations sont données pour chacune des huit premières années en euros.

Pour les supports en unités de compte, l'information sur les valeurs de rachat est donnée en nombre d'unités de compte. Le nombre d'unités de compte doit tenir compte des prélèvements effectués à quelque titre que ce soit sur la provision mathématique du contrat (par exemple, les frais de gestion).

Cette information est complétée par l'indication en caractères très apparents que l'assureur ne s'engage que sur le nombre d'unités de compte, mais pas sur leur valeur, et que celle-ci est sujette à des fluctuations à la hausse ou à la baisse.

LES MINEURS PEUVENT-ILS SOUSCRIRE UNE ASSURANCE-VIE ?

Les mineurs sont déclarés incapables d'office, puisque leur capacité ne leur sera accordée que par l'arrivée à l'âge de la majorité (18 ans en France), sauf émancipation préalable.

S'il est interdit de souscrire une assurance-décès au nom d'un enfant mineur (article L 132-3 du Code des assurances), il est, en revanche, possible de lui ouvrir un contrat d'assurance-vie. D'ailleurs, nombre de parents qui souhaitent constituer un capital de départ dans la vie à leur enfant, voire lui assurer des revenus pour qu'il poursuive ses études, lui ouvrent un contrat d'assurance-vie. C'est, aussi, pour les parents et les grands parents, un moyen simple et sécuritaire de faire à leurs enfants ou petits enfants une donation.

Le mineur non émancipé est juridiquement « frappé d'une incapacité générale ». Le régime de représentation qui lui est appliqué détermine la qualité des personnes devant intervenir à la souscription du contrat d'assurance-vie.

Il existe trois régimes de représentation de l'enfant mineur

L'administration légale pure et simple, lorsque les deux parents exercent en commun l'autorité parentale

Ce régime s'applique à :

– l'enfant légitime dont les parents sont tous deux vivants,
– l'enfant légitime dont les parents sont divorcés ou séparés de corps et exercent en commun l'autorité parentale,
– l'enfant légitimé par le mariage de ses parents,
– l'enfant adopté par deux époux,
– l'enfant d'un des conjoints, adopté par l'autre,
– l'enfant naturel reconnu par ses 2 parents avant qu'il ait atteint l'âge d'un an,
– l'enfant naturel reconnu par ses 2 parents après qu'il ait atteint l'âge d'un an et s'il y a eu déclaration conjointe d'exercice en commun de l'autorité parentale.

Les **signatures requises** sont, alors, celles des deux parents et de l'enfant s'il a plus de 12 ans.

L'administration légale sous contrôle judiciaire lorsque l'autorité parentale est confiée à un seul parent

Ce régime s'applique à :
– l'enfant légitime, adopté ou naturel dès lors qu'un des parents est décédé,
– l'enfant légitime ou adopté lorsque les parents sont divorcés et l'autorité parentale confiée à un seul des parents,
– l'enfant naturel lorsque la filiation n'est établie qu'à l'égard d'un seul parent,
– l'enfant naturel reconnu par ses 2 parents après qu'il ait atteint l'âge d'un an sans qu'il y ait eu déclaration conjointe d'exercice en commun de l'autorité parentale,
– l'enfant adopté par une seule personne.

Les **signatures requises** sont alors celles du parent disposant de l'autorité parentale et de l'enfant s'il a plus de 12 ans.

La tutelle, lorsque les deux parents sont décédés ou déchus de l'autorité parentale

Ce régime s'applique à :
– l'enfant légitime ou adoptif lorsque les 2 parents sont décédés,
– l'enfant naturel qui n'a pas été reconnu ou dont le parent exerçant l'autorité parentale est décédé.

Les **signatures requises** sont alors celles du tuteur et de l'enfant s'il a plus de 12 ans.

Par ailleurs, au regard des dispositions du Code civil, la seule clause bénéficiaire qui puisse être acceptée est celle qui respecte les règles successorales légales, à savoir : « mes héritiers en proportion de leurs parts héréditaires ».

Les règles à respecter pour ouvrir un contrat à un mineur

Il faut vérifier certains aspects, afin de respecter les règles du Code civil, du Code des assurances et les impératifs fiscaux.

Le choix des bénéficiaires désignés

Sur ce point, le mineur ne dispose pas des mêmes droits qu'un majeur. Il ne peut pas choisir, librement, les bénéficiaires de son contrat. Cette règle permet d'éviter toute désignation irréfléchie de la part du mineur. Il faudra, donc, indiquer une clause bénéficiaire neutre sur le bulletin d'adhésion, par exemple : « mes héritiers légaux ».

La nature des placements

Le Code civil recommande une gestion en « bon père de famille ». Il est donc préférable de s'orienter vers des contrats en euros, les profils sécuritaires ou équilibrés, et d'éviter les profils dynamiques.

La clause d'inaliénabilité temporaire

Les parents, grands-parents ou les tiers qui ont donné l'argent nécessaire à la souscription d'un contrat d'assurance-vie peuvent souhaiter que l'enfant ou le petit-enfant ne puisse pas retirer les fonds avant sa majorité ou un âge fixé, par exemple, 25 ans. Ceci est tout à fait possible. Une clause d'inaliénabilité temporaire peut être stipulée, elle permet de bloquer les fonds jusqu'à un âge défini du donataire.

VI. Assurance-vie et droits de succession

Les enquêtes successives de la Fédération Française des Sociétés d'Assurances (FFSA) auprès des assurés révèlent que l'une de leurs motivations principales pour l'ouverture d'un contrat d'assurance-vie est leur régime en matière de droits de succession.

Chacun souhaite, en effet, transmettre ses biens à ses proches, enfants, petits-enfants, conjoint, parents plus éloignés, voire amis. Or sans exiger la présence d'un lien du sang, seule l'assurance-vie permet de donner une totale liberté successorale ou d'aménager une succession en choisissant, librement, les bénéficiaires, qu'ils fassent ou non partie du cercle familial.

Elle est, aujourd'hui, un moyen privilégié de transmission du patrimoine, même si la nouvelle réglementation qui limite l'exonération à 152 500 € par bénéficiaire peut apparaître restrictive.

Les diverses formes d'une donation

Une donation peut revêtir plusieurs formes : donation-partage notariée lorsque la donation est consentie à plusieurs enfants, don manuel déclaré à la trésorerie, donation simple notariée.

Le choix entre ces différentes formes n'est pas sans conséquence et nécessite une analyse de la situation et de l'objectif des parties.

Les parents ou grands-parents désireux d'assurer l'avenir de leurs proches tout en préservant le patrimoine familial des droits de succession, disposent d'une possibilité intéressante. La loi favorise, en effet, la transmission anticipée du patrimoine. Chaque parent peut, ainsi, faire une donation à hauteur de 46 000 € en franchise de droits à chacun de ses enfants tous les 10 ans. Dans le même esprit, chaque grand-parent peut donner jusqu'à 15 000 € à chacun de ses petits-enfants (le projet de loi de finances pour 2003 prévoit de doubler ce montant). Grâce à un investissement dans un contrat d'assurance-vie, cette donation est avantageusement valorisée au fil des années.

Au-delà des abattements indiqués ci-dessus, les donations bénéficient de réductions de droits qui varient en fonction de l'âge du donateur :

– si le donateur est âgé de moins de 65 ans, la réduction est de 50 %

– si le donateur a entre 65 et 75 ans, la réduction est de 30 %.

Pour **aménager sa donation**, le donateur dispose de plusieurs possibilités de protection juridique :

– la **clause d'inaliénabilité** prévue à l'article 900-1 du Code Civil, répond à l'objectif du donateur qui souhaite que le donataire ne puisse pas disposer du bien donné jusqu'à une certaine date définie à l'avance, par exemple, jusqu'à un âge déterminé;

– la **clause de retour conventionnel** permet, en cas de décès du donataire avant celui du donateur, de permettre un retour des biens au donateur;

– la **clause de remploi** autorise de conserver au bien donné la nature de bien propre en cas de mariage du donataire sous le régime de la communauté légale;

– la **clause de réserve d'usufruit** permet de ne donner qu'une partie du droit de propriété, en l'occurrence, la jouissance et le droit aux revenus. Cette dernière présente un avantage sur le plan fiscal : les droits de donation ne sont dus que sur la valeur de la nue-propriété transmise, ensuite, le nu-propriétaire récupère l'usufruit du bien en franchise fiscale. La valeur de l'usufruit est donc transmise hors impôt.

À lire dans la collection Delmas, pour plus d'informations, *Transmission du patrimoine*, par E. Riondet et H. Sédillot.

Une fiscalité qui a évolué

Après une totale exonération, l'assurance-vie a connu divers régimes complexes. Remontons, simplement à la loi du 30 décembre 1991 qui permet de comprendre l'évolution et le régime juridique actuel de l'assurance-vie. Cette loi a mis en place un régime opérant une distinction selon que l'assuré ouvrait son contrat avant ou après l'âge de 70 ans, tout en fixant une date charnière : celle du 20 novembre 1991.

La loi de finances pour 1999 a, ensuite, fixé de nouvelles règles pour l'exonération – devenue à cette époque partielle – des droits de succession au titre des sommes provenant des contrats d'assurance-vie. Elle a pris comme date rétroactive de référence le 13 octobre 1998. Désormais, pour les nouveaux contrats, l'exonération ne vaut qu'à hauteur d'un million de F par assuré et pour chaque bénéficiaire. Ce million de francs est devenu en euros : 152 500 €.

Si les contrats ont été ouverts il y a plusieurs années, il faut distinguer selon leur date d'ouverture.

Le principe d'exonération des droits de succession

Ce sont, en particulier, les articles L. 132-12 et L. 132-11 du Code des assurances qui placent l'épargne d'une assurance-vie en dehors des règles successorales :

Mais l'exonération impose obligatoirement la désignation d'un bénéficiaire. Dans le cas contraire, « le capital ou la rente garantis font partie du patrimoine ou de la succession du contractant ». (C. ass., art. L. 132-11).

> ▶ Cette mention n'a pas impérativement lieu dans le contrat d'assurance-vie lui-même, mais elle peut être faite séparément, notamment, par un avenant au contrat ou par un testament.

Contrats ouverts avant le 20 novembre 1991

Les contrats souscrits avant cette date et qui donnent lieu, en cas de décès de l'assuré après le 2 janvier 1992, au versement d'un capital à un bénéficiaire déterminé, échappent à toute fiscalité.

Une instruction fiscale du 30 avril 2002 (référencée : 7 G-5-02 et reproduite en annexe) donne une plus grande liberté pour les assurés ayant ouvert un contrat avant le 20 novembre

1991. Cette instruction, qui annule la doctrine antérieure et de l'administration fiscale, fait des anciens contrats des instruments très appréciables vis-à-vis des droits de succession.

Une règle favorable à tous les assurés

Désormais, la nouvelle instruction fiscale plus libérale reconnaît un véritable havre fiscal pour ces contrats :
– tous les versements faits avant le 20 novembre 1991 sont exonérés de droits de succession ;
– les versements faits entre le 20 novembre 1991 et le 13 octobre 1998 sont, également, exonérés, même s'il y a eu, entre-temps, une modification du mode de versement ou du montant des primes ;
– les versements faits depuis le 13 octobre 1998 bénéficient de la franchise de 152 500 € et le surplus est taxé forfaitairement à 20 %, quel que soit l'âge de l'assuré au moment de l'ouverture du contrat et quel que soit son âge lors du reversement sur ces contrats.

Les modifications de primes ne peuvent plus (à elles seules) être analysées comme de nature à changer l'économie du contrat. Ceux qui ont souscrit un contrat avant le 20 novembre 1991 quel que soit, aujourd'hui, leur âge, peuvent, donc, sans risquer d'être inquiété par le fisc, effectuer un versement de primes élevées et cela quelles qu'aient été les primes versées avant 1991.

Contrats souscrits à compter du 20 novembre 1991

Est imposable aux droits de succession la fraction des primes, versées après le 70e anniversaire qui excède **30 500 €** (art. 757-B CGI ; au préalable, il s'agissait de la somme de 200 000 F).

Pour **les assurés de moins de 70 ans, il n'y a pas de plafond à l'exonération** des droits de succession, du moins pour les versements faits jusqu'au 12 octobre 1998 (voir p. 110).

Les intérêts des primes sont toujours exonérés

Cet abattement de 30 500 € est global et doit, en cas de pluralité de bénéficiaires, être réparti entre les bénéficiaires au prorata de la part leur revenant (réponse ministérielle publiée au JOAN du 16 juillet 2001 p. 4112, question n° 59640). Cette règle, pour les plus de 70 ans, s'applique quel que soit le lien de parenté existant entre l'assuré et le ou les bénéficiaires et même sans lien de parenté.

◆ Prenons l'exemple d'un contrat ouvert le 01/12/92 par un assuré âgé de 66 ans qui verse à l'ouverture une prime de 10 000 €. Le 02/04/96, alors que cet assuré a plus de 70 ans, il fait un versement de 10 000 €. Le 04/11/97, il fait, un nouveau versement de 25 000 €.

Il est décédé le 13/09/02 à l'âge de 76 ans, alors que l'épargne disponible sur son contrat est de 56 000 €.

Il a donc versé 45 000 €, dont 35 000 € au-delà de 70 ans, c'est-à-dire que 4 500 € dépassent le plafond autorisé de 30 500 €.

Il a bénéficié de 11 000 € de produits. Ces produits ne sont pas imposables pour le bénéficiaire désigné, en revanche, celui-ci devra supporter des droits de succession pour les 4 500 € de primes dépassant le plafond des primes de 30 500 €.

Un régime applicable quel que soit le contrat

Les intérêts et plus-values dégagés étant exonérés, il n'y a aucune raison de ne pas ouvrir un contrat après 70 ans si on le souhaite. Une personne de 70 ans ayant une espérance de vie d'au moins 13 ans, les intérêts capitalisés peuvent représenter à cette échéance plus que la somme versée.

Ce régime s'applique aussi bien à un contrat multisupport qu'à un contrat en euros

Le seul versement de nouvelles primes non prévues dans le contrat originel ou le versement de primes disproportionnées par rapport à celles payées avant le 20 novembre 1991 ne peut plus être analysé comme une modification substantielle de l'économie du contrat de nature à supprimer l'antériorité du contrat pour la détermination du régime fiscal des nouvelles primes versées. La doctrine administrative sur ce point est donc rapportée, précise l'instruction fiscale du 30 avril 2002 (7 G-5-02).

Non-réévaluation du seuil d'abattement de 30 500 €

Malgré l'allongement de l'espérance de vie, il n'est pas envisagé de reculer l'âge à compter duquel les versements sont soumis aux droits de succession, ni de relever le montant de l'abattement de 30 500 € inchangé depuis plus de 10 ans (Rép. Min., JO Sénat 18 avril 2002, p. 1116).

Possibilité d'utiliser les abattements successoraux

Les différents abattements, notamment, en faveur du conjoint (76 000 €), d'un enfant (46 000 €), d'une personne handicapée (46 000 €) peuvent être pris en compte en plus des avantages propres à l'assurance-vie.

Ces abattements constituent, en effet, un élément du tarif des droits de mutation par décès, ainsi que l'ont rappelé la circulaire du GAP du 26 avril 1999 n° 99/CI-30, la circulaire du GAP du 7 mai 1999 n° 99/CI-33, l'instruction fiscale du 30 avril 1999 référencée BOI 7-G-4-99 et la circulaire FFSA du 19 février 2001 (n° AP 2001/16).

■ Exemple : un enfant perçoit 110 000 € au titre d'une assurance-vie souscrite par son père âgé de plus de 70 ans. Les primes versées s'élèvent à 60 000 €, les intérêts à 50 000 €. L'exonération des droits de succession est de 30 500 € pour les primes versées + la totalité des intérêts. L'abattement successoral entre chaque parent et chaque enfant (d'un montant de 46 000 €) permet d'exonérer la totalité des sommes transmises.

Le surplus est soumis aux droits de succession ordinaires

Les primes versées après le 70e anniversaire de l'assuré, pour leur fraction supérieure à 30 500 € sont soumises aux droits de mutation par décès suivant le degré de parenté existant entre le bénéficiaire à titre gratuit et l'assuré lorsque tous les abattements sont utilisés.

Quelles règles pour les contrats ouverts après le 13 octobre 1998 ?

Enfin, le système des droits de succession a été modifié fin 1998.

Contrat souscrit après 70 ans

Si vous avez ouvert votre contrat après vos 70 ans, l'exonération de droits de succession concerne uniquement les primes n'excédant pas 30 500 € et tous les intérêts et plus-values.

Cependant, si la personne désignée au contrat comme bénéficiaire ouvre droit à un abattement successoral, cet abattement peut être utilisé dans le cadre du contrat d'assurance-vie.

Contrat souscrit avant 70 ans : l'exonération limitée à 152 500 € par bénéficiaire

La loi de finances pour 1999 a fixé de nouvelles règles pour l'exonération des droits de succession au titre des sommes reçues des contrats d'assurance-vie.

Alors que jusqu'à cette loi, les sommes versées par l'assureur aux bénéficiaires désignés étaient totalement exonérées de droits de succession lorsque l'assuré avait effectué ses versements avant ses 70 ans, les sommes versées aux bénéficiaires font l'objet, sous certaines conditions, d'une taxation.

Dorénavant, pour les contrats souscrits à partir du 13 octobre 1998 et pour les versements faits à compter de cette date, il existe un abattement de 1 million de F (152 500 €) par bénéficiaire pour l'ensemble des contrats souscrits sur la tête d'un même assuré.

Autrement dit, chaque assuré peut percevoir 152 500 € de chacun de ses parents, de ses grands-parents ou d'autres assurés. Au-delà la taxation forfaitaire est de 20 %.

Dans ce cadre, il n'est possible de bénéficier ni des abattements successoraux, ni du barème des droits de succession.

Une somme pas si importante !

La somme de 152 500 € paraît importante. Mais il suffit que deux parents âgés de 45 ans aient reçu, chacun, en héritage 45 735 €, s'ils placent cette somme sur un contrat rapportant, en moyenne 5 % l'an, lorsqu'ils atteindront 70 ans, chaque contrat dépassera, largement, les 152 500 €. Leur enfant unique ne pourra, donc, pas recevoir cet héritage en exonération totale de droits de succession.

► Pour les assurés fortunés, notamment les parents d'un enfant unique, le nouveau régime est restrictif (chaque parent ne peut transmettre que 152 500 € à l'enfant, alors que les grandes familles peuvent continuer à transmettre plusieurs centaines de milliers d'euros en parfaite exonération). Mais pour l'ensemble des assurés, il restera indolore, du moins tant que l'inflation ne le grignotera pas.

La non application des abattements successoraux

En revanche, lorsqu'il y a application de l'abattement forfaitaire de 152 500 € dans le cadre de l'article 990-1 du Code général des impôts, le prélèvement de 20 % est dû dès le dépassement de 152 500 € et ce, sans tenir compte des éventuels abattements successoraux.

■ Exemple : un conjoint reçoit 200 000 € au titre d'une assurance-vie souscrite par son conjoint qui était âgé de moins de 70 ans. Il bénéficie de l'exonération à hauteur de 152 500 € au titre de l'assurance-vie, mais les 47 500 € restants ne peuvent pas être pris en compte au titre de l'abattement de 76 000 € entre conjoints.

Plusieurs régimes complexes peuvent se succéder dans un même contrat

Les contrats souscrits avant le 13 octobre 1998 et qui reçoivent des cotisations à partir du 13 octobre sont exonérés pour les cotisations antérieures. Mais les versements faits après le 13 octobre sont soumis au nouveau régime. Pour les primes versées par les assurés de plus de 70 ans, le régime antérieur est maintenu : les primes (frais inclus) n'excédant pas 30 500 € et les intérêts et produits sont exonérés.

Il en résulte que plusieurs régimes peuvent être, simultanément, applicables pour un même contrat en fonction des dates de versement des primes.

Cela conduit, sur le plan de la gestion, à scinder les éléments techniques du contrat en fonction de la date de versement des primes, par rapport au 13 octobre et par rapport au soixante-dixième anniversaire de l'assuré.

◆ Voici la manière de procéder :

1re tranche du contrat : primes et intérêts acquis avant le 13 octobre 1998 par un assuré de moins de 70 ans : exonération des droits de succession ;

2e tranche du contrat : primes et intérêts acquis entre le 13 octobre 1998 et avant l'âge de 70 ans : limitation de l'exonération des droits de succession à 152 500 € par bénéficiaire et par assuré ;

3e tranche du contrat : primes n'excédant pas 30 500 € versées par un assuré de plus de 70 ans : exonération des droits de succession.

Intérêts et produits des primes ne dépassant pas 30 500 € : exonération des droits de succession.

Primes excédant 30 500 € versées par un assuré de plus de 70 ans : imposition.

Intérêts et produits des primes dépassant 30 500 € : exonération des droits de succession.

Le prélèvement de 20 %

Une instruction fiscale du 30 décembre 1999 (référencée 7 K-1-00 du 7 janvier 2000 et FFSA AP 2000/07) explique les modalités du prélèvement forfaitaire de 20 % au-delà de l'abattement de 152 500 € par bénéficiaire, et, particulièrement, les modalités d'application aux contrats d'assurance comportant des garanties de prévoyance et d'épargne.

Pour ces derniers, un calcul complexe tient compte des tables de mortalité pour établir la taxation par rapport au taux de mortalité correspondant à l'âge de l'assuré.

PRENONS UN EXEMPLE SIMPLE : CONTRAT D'ASSURANCE-VIE MULTISUPPORT CLASSIQUE…

◆ M. X… était âgé de 67 ans lorsqu'il a souscrit en novembre 1998 un contrat d'assurance-vie. Le bénéficiaire désigné est son neveu M. Y…

Une prime unique de 152 500 € a été versée.

Lors de son décès en mars 2003, la valeur de rachat du contrat est de 170 000 €.

Nous sommes face à un contrat signé après le 13 octobre 1998, l'imposition sera de :

Assiette du prélèvement : 170 000 €

Abattement : 152 500 €

Somme soumise au prélèvement : 17 500 €

Montant du prélèvement : 17 500 € X 20 % = 3 500 €.

... PUIS UN EXEMPLE COMPLEXE :
CONTRAT D'ASSURANCE-VIE MIXTE

◆ M. X... était âgé de 69 ans et 10 mois lorsqu'il a souscrit en novembre 1998 un contrat d'assurance-vie mixte (comportant, à la fois, des garanties, d'épargne et des garanties de prévoyance) dont la bénéficiaire est sa nièce Mlle Z...
Une prime de 304 898,03 € a été versée à la souscription. Une autre prime du même montant (304 898,03 €) a été versée en février 1999 lorsqu'il était âgé de 70 ans révolus.
Il est décédé en avril 1999.
La première prime versée entre dans le champ d'application du prélèvement de 20 %.
La seconde prime versée entre dans le champ d'application du régime des plus de 70 ans.
A. Imposition de la prime entrant dans le champ d'application du prélèvement de 20 % :
L'assureur communique les chiffres suivants : La garantie épargne du contrat comporte une valeur de rachat égale à 312 520,49 €. La garantie prévoyance est égale à 83 846,96 €.
Compte tenu de la table de mortalité (qui indique une probabilité de décès selon l'âge) et donne un coefficient de 0,0320796, l'assiette du prélèvement au titre de la fraction non rachetable est égale à : 0,0320796 × 83 846,96 € = 2 689,78 €
Assiette du prélèvement :
312 520,49 € + 2 689,78 € = 315 210,27 €
Abattement : 152 500 €
Somme soumise au prélèvement de 20 % : 162 710,27 €
Montant du prélèvement :
162 710,27 € × 20 % = 32 542,05 €.
B. Imposition de la prime entrant dans le champ d'application du régime des plus de 70 ans :
La fraction de prime qui excède l'abattement de 30 500 € (voir p. 109) est imposée aux droits de mutation par décès suivant le lien de parenté existant entre l'assuré et la bénéficiaire désignée.
Fraction imposable :

Assiette du prélèvement : 304 898,03 €
Abattement : 30 500 €
Somme soumise aux droits de mutation par décès : 274 398,03 €.

Récapitulatif des exonérations partielles de droits de succession

L'exonération partielle des droits de succession est fonction de trois éléments :

– la date d'ouverture du contrat;
– l'âge de l'assuré;
– et la date de versements..

Contrats ouverts avant le 20 novembre 1991 quel que soit l'âge de l'assuré

• exonération totale pour versements faits avant le 20 novembre 1991

• exonération totale pour versements faits entre le 20 novembre 1991 et le 13 octobre 1998.

• exonération jusqu'à 152 500 € par assuré et bénéficiaire pour les versements faits à partir du 13 octobre 1998.

Contrats ouverts après le 20 novembre 1991 avec ou sans versements après le 13 octobre 1998

• **Avant 70 ans :**

• exonération totale pour versements faits avant le 13 octobre 1998

• exonération jusqu'à 152 500 € par assuré et bénéficiaire pour les versements faits à partir du 13 octobre 1998 (au delà, prélèvement forfaitaire de 20 %).

> • **Après 70 ans :**
>
> • exonération limitée à 30 500 € de primes + totalité des produits, que les versements aient lieu avant ou après le 13 octobre 1998 (au-delà, les primes sont soumises aux droits de succession).

Comment transmettre deux fois hors droits de succession les sommes disponibles sur un contrat d'assurance-vie ?

L'assuré désigne deux bénéficiaires : un bénéficiaire en usufruit, l'autre en nue-propriété. Ce type de clause s'adresse, par exemple, à un époux souhaitant, après son décès, procurer des revenus à son conjoint tout en transmettant un capital à ses héritiers.

Il suffit de démembrer la clause bénéficiaire d'un contrat d'assurance-vie en accordant le capital à un usufruitier et à un ou plusieurs nus-propriétaires.

Cette simple rédaction de la clause permet d'économiser deux fois les droits de succession.

Démembrer la propriété, c'est la partager en deux :

– d'une part, l'usufruit qui est le droit de jouir d'un bien en en retirant des revenus avec l'usus et le fructus;

– d'autre part, la nue-propriété, qui est le droit de disposer du bien, par :exemple de le vendre, de le consommer ou de le dilapider.

Mais, l'usufruit constitué sur une somme d'argent est un quasi-usufruit, car l'article 587 du Code civil précise « Si l'usufruit comprend des choses dont on ne peut faire usage sans les consommer, comme l'argent… l'usufruitier a le droit de s'en servir, mais à la charge de rendre, à la fin de l'usufruit, soit des choses de même quantité et qualité soit leur valeur estimée à la date de restitution ».

Cette technique permet d'attribuer sans droits de succession à l'usufruitier un capital qui lui permettra de subvenir à ses besoins.

De leur côté, les nus-propriétaires bénéficieront du droit de récupérer – partiellement ou totalement – ce capital au décès de l'usufruitier, toujours sans payer de droits de succession.

Si entre-temps, ce capital a été utilisé par l'usufruitier, les nus-propriétaires bénéficieront d'un droit de créance sur la succession de cet usufruitier du montant du capital reçu par l'usufruitier.

Les enjeux du démembrement de la clause bénéficiaire d'un contrat d'assurance-vie sont nombreux et variés. Il peut s'agir de concilier la sécurité du survivant – conjoint ou concubin – sans léser les enfants – légitimes ou d'un autre lit – tout en leur permettant de recevoir hors droits de succession, une somme d'argent importante.

L'article 1133 du Code général des impôts précise qu'au décès de l'usufruitier le nu-propriétaire devient propriétaire sans droits à acquitter par la réunion de l'usufruit et de la nue-propriété.

Se « border » sur le plan juridique

▶ Le démembrement de la propriété d'une clause bénéficiaire d'assurance-vie risque de poser des interrogations de deux ordres, d'une part au plan du droit civil, d'autre part vis-à-vis de la législation fiscale.

Au niveau du droit civil, les textes n'obligent pas, l'usufruitier à fournir des garanties de restitution de la somme reçue. Si la somme a été partiellement dépensée, il semble néanmoins possible de déduire la créance des nus-propriétaires jusqu'à hauteur de l'actif de la succession. Le reste étant perdu.

En revanche, si l'usufruitier a été prévoyant et qu'il a fait fructifier la somme reçue, les excédents seront imposés aux droits de mutation. Mais, pour éviter cette taxation, l'usufruitier a tout intérêt à ouvrir un contrat d'assurance-vie sur lequel il versera ses intérêts et à désigner comme bénéficiaire de ce contrat le ou les bénéficiaires

Le risque principal est bien évidemment qu'un usufruitier ait dépensé totalement les sommes et que sa succession d'un faible montant ne permette pas de déduire la créance des nus-propriétaires.

Attention lorsque le fisc peut démontrer que ce sont exclusivement des raisons fiscales qui motivent l'utilisation d'un montage fiscal, il peut toujours invoquer l'abus de droit. C'est la raison pour laquelle il faut, dans ce type de montage, s'entourer de garanties nécessaires.

Pour plus d'informations, consultez en annexe :

– le texte de l'instruction fiscale du 30 avril 2002 (7 G-5-02),

– un modèle de lettre pour bénéficier de l'abattement de 152 500 € et/ou payer le prélèvement de 20 % (à adresser à la compagnie d'assurance par LRAR).

VII. Fiscalité et prélèvements sociaux

La fiscalité de l'assurance-vie

Par souci de simplicité, nous avons choisi d'aborder les questions fiscales tout au long de l'ouvrage.

Restent spécifiques deux questions qui sont traitées ici, à savoir la réduction d'impôts à l'entrée qui existait jusqu'en 1997 et le cas particulier de l'ISF.

Quelle fiscalité lors de la souscription du contrat ?

Jusqu'en 1995, tout contrat d'assurance-vie donnait lieu à une réduction d'impôt. En 1995 et en 1996, des restrictions importantes sont intervenues. Finalement, c'est la loi de finances pour 1997 qui a abrogé cette possibilité pour les nouveaux contrats.

Désormais, **la réduction d'impôt à l'entrée ne subsiste que dans des conditions très limitées.**

Une réduction d'impôt profite encore aux assurés qui ont souscrit certains types de contrats et respectent certaines obligations.

Les contrats encore concernés

Aujourd'hui, seuls les versements effectués sur des contrats périodiques ouverts ou prorogés, sous les conditions indiquées

ci-après, continuent à bénéficier de la réduction d'impôt jusqu'à l'expiration de la durée de leur contrat sous les conditions cumulatives suivantes :
– il doit s'agir de contrats dont les commissions sont précomptées ou de contrats qui ne comportent pas de valeur de rachat pendant au moins deux ans,
– le montant et la périodicité de la prime ont été fixés au moment de la souscription du contrat,
– le capital ou la rente garantie au terme du contrat ont été fixés ou sont déterminables de manière intangible dès sa souscription et ne peuvent augmenter que du fait des participations contractuelles aux bénéfices ou de versements exceptionnels,
– le taux technique minimum garanti pendant toute la durée du contrat n'excède pas, pour les contrats souscrits depuis le 1er juin 1995, 60 % du taux moyen des emprunts d'État.

Les conditions actuelles à respecter

Les contrats doivent avoir été souscrits ou prorogés
– avant le 20 septembre 1995, lorsque les assurés ont acquitté une cotisation d'impôt supérieure à 7 000 F au titre des revenus de 1995 et de 1996;
– avant le 1er janvier 1996 pour les personnes ayant acquitté une cotisation d'impôt sur les revenus de 1995 n'excédant pas 7 000 F et supérieure à ce montant pour 1996;
– avant le 20 septembre 1995 ou du 1er janvier au 4 septembre 1996, lorsqu'ils ont acquitté une cotisation d'impôt sur le revenu de 1995 supérieure à 7 000 F et inférieure ou égale à cette somme au titre des revenus de 1996;
– avant le 5 septembre 1996 pour les personnes ayant acquitté

une cotisation d'impôt n'excédant pas 7 000 F au titre des revenus de 1995 et de 1996.

Les justificatifs à fournir

Pour obtenir la réduction, les versements réalisés sont à reporter dans le cadre 7 de la déclaration des revenus. Le contribuable doit, également, envoyer avec sa déclaration un certificat remis par l'assureur (comprenant de nombreuses mentions obligatoires et établi selon un modèle publié par l'administration).

Au moment de la souscription des déclarations de revenus, les titulaires d'un contrat d'assurance-vie reçoivent de leur assureur un certificat qui précise le montant de la prime représentative de l'opération d'épargne.

Le certificat distingue :

– le montant correspondant aux primes payées au titre de contrats à primes périodiques conclus ou prorogés avant le 20 septembre 1995;

– le montant correspondant aux primes payées au titre des contrats à primes périodiques conclus ou prorogés du 20 septembre 1995 au 31 décembre 1995;

– le montant correspondant aux primes payées au titre de contrats à primes périodiques conclus ou prorogés du 1er janvier 1996 au 4 septembre 1996.

N'oubliez pas de joindre ce certificat à votre déclaration.

Quel est le montant de la réduction d'impôt ?

Elle est égale à 25 % de la fraction de la prime d'épargne, dans la limite de 610 € (4 001 F) + 150 € (983 F) par enfant à charge.

La réduction maximale est, donc, de 152,50 € (1 000 F) pour une personne seule ou un couple marié, de 190 € (1 246 F) avec un enfant à charge, de 227,50 € (1 492 F) avec deux enfants à charge, de 265 € (1 738 F) avec trois enfants.

Précisons, par ailleurs, que les réductions spécifiques concernant les contrats de « rente survie » et d'« épargne handicap » sont maintenues.

Pour les contrats de rente survie, la réduction est égale à 25 % de la part d'épargne de la prime dans la limite de 1 070 € (7 018 F) par an + 230 € (1 508 F) par enfant à charge.

Pour les contrats d'épargne handicap, la réduction d'un même montant ne s'applique que sur la partie des primes représentatives de l'opération d'épargne.

■ Un couple qui aurait deux enfants, dont un handicapé, peut bénéficier d'une réduction d'impôt égale à
1 070 € + 230 € + 230 € = 1 530 € × 25 % = 382,50 €.

Assurance-vie et ISF

L'impôt de solidarité sur la fortune est-il pris en compte sur les contrats ?

On distingue les contrats selon qu'ils ont une valeur de rachat ou pas.

Les contrats d'assurance-vie sont tous rachetables et doivent, donc, être déclarés à l'ISF.

Les contrats rachetables

Vis-à-vis de l'impôt de solidarité sur la fortune (ISF), la situation de l'assuré titulaire du contrat varie selon que son contrat se trouve en phase d'épargne ou en phase de versements des prestations.

En phase d'épargne

Pendant toute leur phase de capitalisation (aussi bien les huit premières années qu'au delà si le contrat est maintenu), les contrats d'assurance-vie rachetables doivent être intégrés dans l'assiette taxable à l'ISF pour leur valeur de rachat. C'est-à-dire que la valeur de l'épargne doit être incluse dans le patrimoine du souscripteur au premier janvier de l'année d'imposition. Ce principe s'applique quels que soient la date de souscription du contrat et l'âge de l'assuré.

Les contrats rachetables sont ceux qui ont une valeur correspondant à l'épargne en compte et, donc, une valeur patrimoniale, c'est-à-dire tous les contrats d'assurance-vie, même les contrats mixtes. Toutefois, pour ces derniers, la valeur de rachat peut être plus faible, du fait qu'une partie des primes est utilisée pour payer des garanties.

Pour tous les contrats souscrits depuis le 1er janvier 1982, la valeur de rachat est communiquée, obligatoirement, par l'assureur, chaque année. Pour les contrats antérieurs, cette information est envoyée sur demande.

En phase de versements des prestations

À la sortie du contrat, si l'assuré reçoit le capital, celui-ci entre dans son patrimoine imposable. Ce montant est égal à la valeur de rachat du contrat et, donc, il n'y aura pas de modification pour cet assuré entre la phase d'épargne et celle de sortie du contrat.

Si l'assuré reçoit une rente, c'est la valeur de capitalisation de la rente qui doit entrer dans son patrimoine soumis à l'ISF, c'est-à-dire la valeur représentative de cette rente qui est à prendre en compte.

Certains contrats bénéficient d'une exonération partielle d'ISF

Les assureurs ont créé des contrats d'assurance-vie permettant d'éviter de supporter l'ISF ou de ne supporter l'ISF que sur une partie du contrat (voir : contrats à prime de fidélité).

Le principe est que ces contrats ont une valeur de rachat égale aux montants des primes versées, mais les intérêts et plus-values sont exonérés d'ISF.

Il existe, ainsi, des contrats dits « à prime de fidélité » ou à « participation différée » qui sont spécialement conçus pour réduire l'assiette taxable à l'ISF. Ces contrats mettent de côté les intérêts dans un compartiment spécial (appelé « prime de fidélité ») pendant une durée, qui pour certains d'entre eux, peut être longue de plus de 15 ans, et ils maintiennent la valeur de rachat du contrat à sa valeur d'origine.

■ Exemple : M. Dupont fait un versement de 305 000 € sur un contrat à prime de fidélité ouvert le 1er juillet 2001 – soit un investissement net de 298 900 €, compte tenu des frais de 2 %. Supposons qu'au terme de 10 ans, la valeur de son contrat soit de 590 000 €. La valeur de rachat du contrat est de 298 900 € et non de 590 000 €, puisque tous les intérêts sont mis de côté dans le compartiment « prime de fidélité ».

Rappelons que les donateurs assujettis à l'ISF peuvent déduire de leur assiette imposable le montant de leur donation.

Les contrats non rachetables

Les contrats qui n'ont pas de valeur de rachat ne sont pas imposables à l'ISF.

Il en est, ainsi, des contrats d'assurance décès et les contrats temporaires décès qui peuvent garantir des sommes importantes en cas de décès ou d'invalidité totale de l'assuré à la suite d'une maladie ou d'un accident ne possèdent pas, quant à eux, de valeur de rachat. De ce fait, ils n'ont pas à être déclarés dans le cadre de l'ISF.

Cependant, pour les contrats non rachetables souscrits à compter du 20 novembre 1991, dès lors que le souscripteur est âgé de plus de 70 ans, il doit inclure, chaque année, dans l'assiette de l'ISF, la totalité des primes versées. En revanche, pour les contrats souscrits avant cette date, les primes ne sont pas imposables.

Le barème de l'ISF

Lorsque la valeur nette du patrimoine taxable dépasse 720 000 €, l'ISF est calculé en appliquant à chaque tranche, le barème suivant valable en 2002 :

Fraction de la valeur nette taxable du patrimoine	*Taux*
Jusqu'à 720 000 €	0 %
Comprise entre 720 000 € et 1 160 000 €	0,55 %
Comprise entre 1 160 000 € et 2 300 000 €	0,75 %
Comprise entre 2 300 000 € et 3 600 000 €	1 %
Comprise entre 6 900 000 € et 15 000 000 €	1,65 %
Supérieure à 15 000 000 €	1,8 %

Un exemple de démembrement d'un contrat d'assurance-vie

◆ Supposons qu'un père imposé à l'ISF désire démembrer un contrat d'assurance-vie avec son fils. Il pourra, soit souscrire ce contrat avec son fils, chacun faisant des apports au prorata de ses droits, soit attribuer l'usufruit temporaire à son fils, soit lui donner l'usufruit sans limitation de durée.

Souscription du contrat au prorata des droits de chacun :

Dans cet exemple, père et fils versent des fonds en respectant l'article 762 du Code général des impôts fixant la valeur des droits d'usufruit et de nue-propriété.

Le fils âgé de 34 ans et le père de 60 ans, verseront respectivement des fonds à hauteur de 5/10ᵉ, puisque pour un usufruitier âgé de 30 à 40 ans, l'usufruit vaut 5/10ᵉ et la nue-propriété, également, 5/10ᵉ.

Doté d'une fortune de 800 000 €, le père verse 152 500 € sur le contrat d'assurance-vie. Le fils qui a des revenus élevés, mais pas de fortune personnelle emprunte (in fine ou non) pour verser également une prime d'un montant de 152 500 €. Le père descend donc en dessous du seuil d'imposition à l'ISF et le fils qui bénéficie, en tant qu'usufruitier des intérêts du contrat vie, peut rembourser son prêt grâce au rendement servi par le contrat.

Démembrement temporaire

Cette fois, le père alimente seul le contrat pour procurer à son fils des revenus complémentaires afin de l'aider à se lancer dans la vie.

Le père, qui a un patrimoine de 2,8 millions d'euros, verse 610 000 € sur une assurance-vie ouverte au nom du fils qui bénéficie, ainsi de cette somme, ce qui permet au père de faire annuellement une économie d'ISF.

Le fils perçoit un rendement de 36 600 €/an (calculé au taux de 6 %). L'apport du père est taxé comme donation pour une somme de 122 000 € (2/10ᵉ de 610 000 €), ce qui compte tenu de l'abattement de droits de succession/donation entre père et fils d'un montant de 46 000 € le conduit à payer 13 400 € de droits de mutation.

Les prélèvements sociaux applicables

Depuis le 1er janvier 1998, les prélèvements sociaux sur les intérêts, les produits et les plus-values des contrats d'assurance-vie sont d'un montant total de 10 %.

Ces prélèvements sociaux, qui s'appliquent à tous les contrats, sont les suivants :

CSG : 7,5 %
+ CRDS : 0,5 %
+ Allocations familiales : 1 %
+ Assurance-vieillesse : 1 %
= un total de 10 %.

Ces prélèvements réduisent, bien entendu, le montant net perçu par les assurés.

Une application différente selon les contrats

Le régime de mise en œuvre des prélèvements sociaux diffère selon les contrats :

Sur les contrats sécuritaires, dits contrats en euros, ainsi que sur les fonds en euros des contrats multisupports, ces prélèvements sont retirés chaque année sur la plus-value annuelle (différence entre le montant investi et l'épargne disponible à la sortie).

Mieux vaut, donc, utiliser un contrat multisupport, même si l'on souhaite placer ses fonds sur un support en euros, car on obtient, ainsi, un capital plus important au terme, du fait des intérêts composés plus importants.

▶ **Bon à savoir** : autre avantage des multisupports, en cas de décès de l'assuré, les prélèvements sociaux de 10 % ne sont pas supportés par les bénéficiaires, alors que le rendement du contrat en euros a déjà subi, chaque année, les prélèvements de 10 %. La perte est irrécupérable pour les bénéficiaires désignés.

Les prélèvements sont basés sur la fraction imposable de la rente

Les prélèvements sociaux sur une rente viagère (issue d'un PEP assurance ou d'un contrat non PEP) sont établis comme en matière d'impôt sur le revenu sur une fraction de la rente déterminée en fonction de l'âge du crédirentier au moment de l'entrée en jouissance (entre 50 et 59 ans : 50 %, entre 60 et 69 ans : 40 %, à partir de 69 ans : 30 %).

■ Exemple : sortie entre 60 et 69 ans en rente viagère, dont le montant est de 10 000 €/an, elle est imposable à hauteur de 40 %, soit 4 000 €. Les prélèvements sociaux sont retirés sur cette même base de 4 000 € et non sur 10 000 €.

Comment récupérer une partie des prélèvements sociaux ?

Une partie des prélèvements sociaux payés peut être déduite de l'impôt.

La CSG afférente aux revenus de placements soumis aux prélèvements libératoires ou exonérés d'impôt n'est pas déductible, même partiellement, pour l'établissement de l'impôt sur le revenu. En revanche, lorsque les revenus du patrimoine sont soumis au barème progressif de l'impôt sur le revenu (instruction fiscale du 18 mai 1998), 5,1 points de CSG sont déductibles.

Un assuré qui a effectué un rachat de son contrat avant 8 ans et qui n'a pas opté pour le prélèvement libératoire de 35 % ou 15 % peut déduire de son impôt 5,10 % sur les 10 % de prélèvements sociaux réglés l'année précédente.

Uniquement en cas d'impôt sur le revenu

Pour bénéficier de la déductibilité partielle, il faut demander à l'assureur de ne pas appliquer le prélèvement libératoire, mais régler soi-même l'impôt sur le revenu au titre des retraits ou rachats effectués avant les 8 ans du contrat.

Dans un premier temps seul cet impôt sera prélevé, puis le fisc enverra un avis de paiement des prélèvements sociaux.

■ Prenons l'exemple d'un assuré ayant versé 500 000 € sur un multisupport réalisant, en moyenne, 10 % par an en 2002, 2003 et 2004. Cet assuré qui sort début 2006, dans la quatrième année de son contrat, dispose de 665 500 €, dont 165 500 € d'intérêts. Supposons qu'il désire retirer la totalité de son épargne disponible. En récupérant 5,10 % de CSG déductible, il économisera 8 440 € d'impôt.

Bien entendu, si le retrait est exonéré d'impôt sur le revenu, la CSG n'est pas déductible.

Dans quelles circonstances peut-on être exonéré des prélèvements sociaux ?

On peut demander à être exonéré dans les cas suivants : licenciement ou mise en retraite anticipée de l'assuré ou de son conjoint, invalidité de l'assuré ou de son conjoint. En effet, des instructions ont été données par le gouvernement aux comptables publics pour leur demander d'octroyer des délais de paiement ou des remises aux personnes qui se trouvent dans une situation financière difficile. Il faut adresser au centre des impôts et au Trésor public une demande de remise gracieuse.

VIII. La sortie en cours de contrat
• Les retraits et revenus
• Les avances

Le principal atout de l'assurance-vie, c'est sa grande souplesse, qui lui confère pleinement le rôle d'une épargne de précaution : en cas de besoin, tout ou partie des fonds peut être récupéré. Des possibilités de sorties sont offertes avant d'atteindre la durée minimale de détention du contrat pour bénéficier de l'exonération fiscale des intérêts et plus-values ou du prélèvement libératoire de 7,5 % à la sortie du contrat.

Cette durée minimale varie selon l'ancienneté du contrat :

L'ASSUREUR DOIT VOUS INFORMER CHAQUE ANNÉE DE LA VALEUR DE RACHAT DU CONTRAT

► Pour tous les contrats souscrits ou transformés depuis le 1er janvier 1982, l'assureur doit obligatoirement, informer chaque année l'assuré de la valeur de rachat du contrat.

Bien entendu, il peut envoyer plus souvent des relevés d'information. Certains assureurs les donnent trimestriellement et mettent même à disposition de leurs assurés un site Internet afin de leur permettre de prendre connaissance de cette valeur aussi souvent qu'ils le souhaitent.

Pour tous les contrats souscrits ou transformés avant le 1er janvier 1982, l'assureur ne doit informer l'assuré de la valeur de rachat du contrat que si le client le demande.

Le contrat a été souscrit avant le 1er janvier 1983

Si le contrat a été souscrit avant le 1er janvier 1983, il n'y a pas de durée minimale fixée. Les capitaux versés par l'assureur ne sont pas imposables.

Le contrat a été souscrit entre le 1er janvier 1983 et le 31 décembre 1989

S'il a été ouvert entre le 1er janvier 1983 et le 31 décembre 1989, sa durée minimale doit être d'au moins 6 ans.

Les produits de ces contrats sont donc exonérés à condition d'atteindre cette durée minimale de six ans. Toutefois, il ne faut faire aucun versement en cours de contrat, sinon la réglementation impose un allongement de la durée minimale.

Un système complexe permet de calculer la durée moyenne pondérée du contrat afin de savoir si l'on sera ou non imposé en cas de sortie avant d'avoir atteint cette durée moyenne pondérée.

La **durée minimale réelle** permettant de retirer les sommes versées sans imposition **se calcule à l'aide de la formule mathématique suivante** :

$$[2\,\mathrm{m} : (\mathrm{m}+\mathrm{n})] \times [(\mathrm{V1} \times \mathrm{m1}) + (\mathrm{V2} \times \mathrm{m2}) + \ldots\ldots + (\mathrm{V}n \times \mathrm{m}n)] : \mathrm{V}$$

◆ – m est le nombre de mois écoulés entre le versement de la première prime et le dénouement du contrat (durée effective).

– n est le nombre de mois écoulés entre le versement de la dernière prime et le dénouement du contrat.

– V1, V2… Vn sont les montants du versement de la première prime, de la deuxième prime,… la dernière prime.
– m1, m2,… mn sont les nombres de mois pendant lesquels a été placée la première prime, la deuxième prime,… la dernière prime.
– V est le montant des primes versées.

Un contrat souscrit avant 1990 peut, donc, par des versements complémentaires importants, être conduit à dépasser la durée de 8 ans.

Même si certains assureurs estiment que la durée maximale de 8 ans s'est substituée à celle de 6 ans, l'administration n'a jamais confirmé cette position, même si elle paraît être pratique et logique. Aujourd'hui, de tels cas ne se posent que très exceptionnellement.

◆ Exemple : Supposons un contrat sur lequel a été versé lors de son ouverture, le 26 décembre 1989, 1 000 €, puis 500 € la seconde année (le 26 décembre 1990) et 500 € la troisième année (le 26 décembre 1991), puis rien jusqu'à la dixième année du contrat (le 26 décembre 1999), époque à laquelle l'assuré a hérité de 1 million d'euros et les a mis sur son contrat.
Le 26 décembre 2002, l'assuré peut-il retirer les fonds de son contrat ou doit-il attendre quelques années supplémentaires afin d'éviter toute imposition ?

$$\frac{2 \times 156}{156 + 36} \times \frac{(1\,000 \times 156) + (500 \times 144) + (500 \times 132) + (1\,000\,000 \times 36)}{1\,002\,000}$$

Dans cet exemple le contrat de l'assuré est censé n'avoir eu qu'une durée de 37,84 mois. Il lui reste, donc, 34,16 mois à attendre. Il ne pourra retirer ses fonds qu'en octobre 2005.

Les sorties réalisées avant les 6 ans minimum d'un contrat souscrit avant le 1er janvier 1990 subissent un prélèvement libératoire de :

– 45 % (+ les prélèvements sociaux) lorsque le retrait intervient les deux premières années,
– 25 % (+ les prélèvements sociaux) lorsque le retrait intervient entre deux et moins de quatre ans
– 15 % (+ les prélèvements sociaux) s'il a lieu entre quatre et six ans.

Le contrat a été souscrit après le 31 décembre 1989

Enfin, si le contrat a été ouvert après le 31 décembre 1989, sa durée minimale doit être d'au moins 8 ans. Toutefois, à condition de supporter une imposition relativement douce, l'assuré peut demander des retraits partiels ou totaux ou pour un besoin temporaire d'argent, demander une avance.

Pendant toute la durée du contrat, les intérêts, produits et plus-values qui s'ajoutent chaque année aux sommes investies sont capitalisés hors impôt.

Tant qu'il n'y a pas récupération partielle ou totale des fonds, l'assuré dispose d'une exonération totale de l'impôt sur les plus-values et des intérêts qui, à leur tour, produisent des intérêts.

Cette exonération s'applique sans limitation du nombre des contrats souscrits et sans plafond des sommes versées (sauf lorsqu'il s'agit d'un contrat d'assurance souscrit sous la forme d'un PEP assurance, voir p. 42).

Tous les contrats d'assurance-vie souscrits depuis le 1er janvier 1990 sont régis par la même fiscalité, quel que soit l'argument que le vendeur avance pour vous faire croire que certains sont plus avantageux que d'autres.

Les seules exceptions concernent les quelques rares contrats disposant d'une prime de fidélité (voir p. 35).

Les retraits partiels avant 8 ans

Ils permettent de récupérer une partie de l'épargne disponible sur le contrat tant que celui-ci n'a pas atteint sa durée de 8 ans (pour les contrats ouverts depuis 1990).

L'imposition bénéficie d'une certaine souplesse, puisqu'elle tient compte de différents paramètres, comme les versements, y compris les frais, la valeur du rachat.

La formule permettant de **calculer les retraits avant terme** dans le cadre d'un contrat d'assurance-vie est la suivante :

$$P = [r \times (T \times r)] : R$$

soit :

Produit imposable = montant du rachat partiel – (total des primes versées × montant du rachat partiel / valeur de rachat à la date du rachat partiel)

Exemple :

Contrat souscrit le 1er septembre 2001 d'un montant de 5 000 € y compris les frais d'entrée. Retrait partiel de 1 000 € le 14 décembre 2002, alors que l'épargne disponible sur le contrat est de 5 300 €.

Produit imposable = 1 000 – (5 000 × 1 000 / 5 300) = 56,60 €.

En cas de retrait avant ces 8 ans, les intérêts dégagés sont imposables.

Les plus-values sont taxées selon la règle du droit commun (CGI, art. 125-O-A). À cette imposition s'ajoutent les **prélèvements sociaux** pour un montant de 10 %. Ces divers prélèvements sont effectués à la source pour les contrats en euros et au moment de la sortie pour les contrats en unités de compte.

L'assuré pourra choisir entre **l'impôt sur le revenu ou le prélèvement libératoire** (voir p. 141). Cette option, n'est accordée qu'aux seules personnes physiques. Dans ce cas, l'assureur retient lui-même le montant de l'impôt qu'il reverse à l'administration fiscale selon les taux ci-dessous :

– 35 % lorsque le rachat est effectué pendant les quatre premières années;

– 15 % lorsque le rachat est effectué de la cinquième à la huitième année.

▶ **Bon à savoir** : un retrait anticipé peut, en cas de contrôle fiscal, entraîner une demande de remboursement de la part du fisc des réductions d'impôt obtenues depuis l'ouverture du contrat.

Le rachat total avant 8 ans

On désigne par rachat la perception de la totalité de l'épargne disponible (capital et intérêts).

Le calcul du montant des produits (on désigne ainsi, les intérêts et les plus-values) imposables est simple : il suffit de faire la différence entre les montants investis et le montant total récupéré.

■ Exemple : un contrat sur lequel six primes d'un montant total de 30 000 € ont été investies a une valeur de rachat de 37 000 € trois ans plus tard. Les produits imposables s'élèvent, dans ce cas, à 7 000 €. Étant donné qu'il s'agit d'une sortie au cours des quatre premières années, l'imposition si l'assuré choisit le prélèvement libératoire aura lieu au taux de

35 % (plus les prélèvements sociaux si ceux-ci n'ont pas déjà été retirés) sur un montant de 7 000 €.

Les **taux d'imposition** au prélèvement libératoire sont les mêmes que pour les retraits partiels. Nous les rappelons ci-dessous :
– 35 % lorsque le rachat est effectué pendant les quatre premières années;
– 15 % lorsque le rachat est effectué de la cinquième à la huitième année.

Date de prise en compte de la valeur des unités de compte

Les modalités de calcul de la valeur de rachat d'un contrat d'assurance-vie en unités de compte dont les versements ont été investis en valeurs mobilières sont fixées par le règlement général du contrat ou ses conditions générales qui peuvent prévoir :
– soit que l'assuré récupérera l'équivalent en espèces de son épargne,
– soit qu'il pourra obtenir des titres (ce qui est plus rare).

Ces conditions ne peuvent être remises en cause par le fait que le cours des valeurs rachetées a augmenté ou baissé avant la remise effective des fonds par l'assureur. (Cass. 1re civ., 26 janv. 1999).

▶ **Bon à savoir** : c'est le contrat qui fixe la date de conversion des unités de compte en espèces. Toutefois, l'article A 131-1 du Code des assurances précise que cette date ne peut être postérieure de plus de 30 jours à la date de présentation à l'assureur de la demande de prestation.

La sortie d'un contrat est à préparer à l'avance

Afin d'éviter toute baisse le moment venu, il est préférable de passer, petit-à-petit, les fonds d'un support dynamique vers un fonds sécuritaire, d'autant qu'à l'intérieur d'un contrat d'assurance-vie, il n'y a aucune contrainte concernant les transferts des fonds d'un support à l'autre. En effet, le seuil de cessions des plus-values de valeurs mobilières (7 650 € en 2002) ne s'applique pas à l'intérieur d'un contrat d'assurance-vie.

Attention aux frais contractuels de sortie anticipée avant 8 ans !

Quelques contrats d'assurance-vie prélèvent des frais, appelés aussi « pénalités de sortie ». Ils ne dépassent pas 5 % de la somme désinvestie ou des intérêts et plus-values récupérés, et sont, généralement, dégressifs d'année en année (4 ou 5 ans après l'ouverture du contrat, ils disparaissent).

Ces frais peuvent s'appliquer seulement sur certains supports ou sur la totalité des supports.

▶ Attention à bien vérifier que le contrat que vous allez souscrire ne prélève pas de telles pénalités.

L'imposition des revenus versés avant 8 ans

Les revenus des contrats dits « à revenus » subissent une imposition identique à celle des retraits partiels, seulement, ils bénéficient d'une présentation marketing qui a, parfois, tendance à oublier de bien préciser que l'assureur reverse le prélèvement libératoire aux impôts pour le compte du client.

En effet, avec une assurance-vie, on obtient des revenus en faisant des retraits partiels sur son contrat. Ces retraits alimentés par le capital et les intérêts servis par le contrat sont fiscalisés, même si l'assureur vous promet des retraits nets.

Bien évidemment les assureurs présentent avantageusement cette fiscalité, et comme le prélèvement libératoire peut s'appliquer certains vendeurs vont jusqu'à prétendre qu'il n'existe pas de fiscalité, alors qu'elle existe pour tous les contrats de la même façon.

Au niveau de l'imposition il n'y a, donc, aucune différence entre des revenus et des retraits partiels.

> ▶ **Bon à savoir** : concernant la fiscalité des revenus après 8 ans de détention du contrat, selon les cas, il peut y avoir une imposition au prélèvement libératoire de 7,5 % (voir p. 151).

L'option proposée entre le prélèvement libératoire et l'impôt sur le revenu ?

L'assuré a le choix entre deux possibilités d'imposition des intérêts ou produits :

– soit il supporte un prélèvement libératoire,

– soit les intérêts sont intégrés dans ses revenus à déclarer et il est alors imposé dans le cadre de l'impôt sur le revenu, selon sa tranche d'imposition.

C'est à l'assuré de choisir avant tout retrait partiel ou total, s'il souhaite que l'assureur s'acquitte du prélèvement libératoire ou si, compte-tenu, de son taux d'imposition personnel, il préfère déclarer lui-même au fisc les intérêts dans le cadre de sa déclaration annuelle de revenus.

Pour déterminer quel est son intérêt, l'assuré doit comparer sa tranche maximale d'imposition au taux du prélèvement fiscal, hors prélèvements sociaux.

Voici pour un contrat ouvert à partir du 1er janvier 1990 :

Taux d'impôt sur le revenu en % *	*Taux de prélèvement libératoire*	*Meilleur choix pour l'assuré*
0	35	Jusqu'à un taux d'imposition de 30,5 %, l'impôt sur le revenu est préférable les 4 premières années.
7		
20,5		
30,5		
40,5	15	De la 5e à la 8e année, l'impôt sur le revenu est conseillé si le taux d'imposition n'excède pas 7 %.
46,5		
52,5		

* Les tranches d'imposition sont susceptibles d'être modifiées par la loi de finances

Les circonstances exceptionnelles où il n'y a pas d'imposition

Certaines situations permettent de retirer les fonds du contrat sans payer le moindre impôt, même si le contrat n'a pas atteint une durée de 8 ans.

Il s'agit du licenciement ou de la mise en retraite anticipée de l'assuré ou de son conjoint, de son invalidité ou de celle de son conjoint correspondant au classement dans la deuxième ou troisième catégorie (prévue à l'article L. 341-4 du Code de la sécurité sociale).

Les avances

En dehors des retraits partiels ou du rachat total du contrat, il existe une possibilité d'obtenir temporairement de l'argent de son contrat : il s'agit de l'avance.

Très sécurisante, l'avance permet d'obtenir, pour un besoin d'argent temporaire, une partie de la valeur d'épargne de son contrat.

Utiliser l'avance sans abus

L'avance est destinée, exclusivement, à un besoin momentané du souscripteur et elle a un caractère exceptionnel. Toutefois, face au risque d'abus de la part de certains assureurs (qui ont été tentés de proposer des avances programmées ou gratuites afin de laisser croire aux assurés qu'un contrat d'assurance-vie était aussi liquide qu'un compte courant ou qu'un livret A), l'administration fiscale a précisé, dans une instruction du 31 décembre 1984, qu'elle se réservait le droit de requalifier en rachat l'avance permettant à l'épargnant de récupérer, en fait, définitivement une fraction de son épargne. Le fisc peut, donc, démontrer que, sous couvert d'avance, l'assuré a, en réalité, fait des retraits partiels successifs (lesquels sont imposables). Dans ce cas, le fisc peut considérer que les avances ont été faites de manière abusive et les fiscaliser comme un retrait, c'est-à-dire pour un contrat n'ayant pas atteint ses 8 ans, imposer à 35 % ou 15 % (+ prélèvements sociaux).

Une durée maximale de trois ans

Pour éviter ces requalifications, quelques règles fondamentales doivent être respectées. D'ailleurs, une note du groupe-

ment des assurances de personnes en date du 11 mai 1995 précise les limites suivantes :
– l'avance ne doit pas représenter plus de 80 % de la provision mathématique pour les contrats libellés en euros, 60 % pour les unités de compte;
– la durée de l'avance ne doit pas excéder 3 ans (renouvelable par tacite reconduction);
– l'avance doit donner lieu à versement d'intérêts.

La note du groupement des assurances commentant une réponse ministérielle du 7 juin 1995 a rappelée que : « L'avance sur police ne peut, en aucun cas, venir en réduction de la provision mathématique du contrat. Il en résulte que l'assiette de l'impôt sur le revenu (le montant taxable) est constituée de la différence entre le montant des sommes remboursées (avant déduction du remboursement des avances) et celui des primes versées. Les mêmes règles s'appliquent pour la détermination de l'assiette des prélèvements sociaux ». Les intérêts afférents aux avances ne peuvent donc pas venir en diminution des produits inscrits au contrat pour la détermination des prélèvements sociaux.

L'avance a un coût, généralement égal aux frais de gestion du contrat, soit de 0,5 % à 1,5 % l'an.

Le reversement de l'avance a lieu sans frais d'entrée

L'avance peut être remboursée par l'assuré en une ou plusieurs fois sans qu'il y ait à nouveau des frais d'entrée sur les sommes reversées dans le contrat.

Il lui suffit d'envoyer un chèque à son assureur en lui précisant bien qu'il s'agit du remboursement d'une avance et en rappelant les références du contrat concerné.

Si l'avance consentie n'a pas été remboursée par l'assuré au terme du contrat, lors de son décès, ou lors de la sortie du contrat, l'assureur réduira la somme qu'il doit verser à l'assuré (ou à ses bénéficiaires) du montant de cette avance.

L'avance n'a aucune conséquence financière sur le contrat, qui se valorise, normalement en ne tenant pas compte de la somme avancée. Les sommes avancées sont parfaitement neutres d'un point de vue fiscal, puisque le contrat continue d'être rémunéré totalement.

L'avance n'a aucune influence sur le montant des prélèvements sociaux qui restent dus dans les mêmes conditions que s'il n'y avait pas avance. Les 10 % de prélèvements sociaux sont, donc, décomptés sur la totalité de l'épargne, y compris les sommes avancées.

Des délais de paiement d'avances variables

Selon les assureurs, le délai de versement des avances varie, de quelques jours à plusieurs semaines. Certains assureurs ayant mis en place des serveurs vocaux téléphoniques ou minitel permettent à leurs assurés d'obtenir plus rapidement une avance.

▶ **Bon à savoir** : méfiez-vous des avances consenties directement en unités de compte. Si le support est très fluctuant, la valeur de l'unité de compte pourra lors du remboursement être inférieure ou supérieure à l'avance consentie. Il est recommandé de privilégier le support en euros pour ces opérations temporaires. D'ailleurs, presque tous les assureurs obligent à arbitrer les fonds dont on demande l'avance sur un support en euros ou un support sécuritaire avant d'accorder l'avance.

Récapitulatif des prélèvements sociaux et fiscaux sur les contrats souscrits depuis 1990

	Contrats en euros	*Contrats en unités de compte*	*Contrats en actions dits DSK*
Prélèvements sociaux retirés chaque année	10 %	0 %	0 %
Prélèvements sur les 4 premières années (si retraits)	35 %	35 % + 10 %	35 % + 10 %
Prélèvements sur les 4 dernières années (si retraits)	15 %	15 % + 10 %	15 % + 10 %
Prélèvements après 8 ans (si retraits)	7,5 %*	7,5 %* + 10 %	10 %
Prélèvements sociaux et fiscaux supportés par les bénéficiaires	0 %	0 %	0 %

* Après un abattement annuel de 4 600 € pour une personne seule, 9 200 € pour un couple
10 % = prélèvements sociaux
À la place des prélèvements libératoires, le taux d'impôt sur le revenu peut être appliqué

Pour bien choisir entre avance ou retrait partiel

Caractéristiques	*Avance*	*Retrait partiel*
Besoins d'argent	temporaire	définitif
Coûts	de 0,50 % à 2 % selon les contrats	0 %
Imposition	non	selon les cas (de 35 % à 7,5 % + prél. sociaux)
Reversements sans frais	oui	non

Pour plus d'informations, consultez en annexe les modèles de lettres suivants :

– Demande d'information pour connaître le montant d'une avance.

– Demande de rachat.

IX. La sortie au terme du contrat

À l'échéance du contrat d'assurance-vie, de nombreuses possibilités sont offertes : une rente viagère, un retrait en capital… Mais il est aussi possible de laisser les choses en l'état et que les fonds continuent à faire des petits…, car, sauf exception, les contrats d'assurance-vie peuvent être prorogés au gré de la volonté de l'épargnant.
Comme on essaie de bien souscrire une assurance-vie, il faut, aussi, savoir en sortir au mieux de ses intérêts et de ses besoins.

Quelles différentes modalités de sortie sont offertes ?

Au terme du contrat, les sommes disponibles peuvent être récupérées de différentes manières :
– un retrait total de l'épargne disponible en une seule fois. Le capital perçu n'est pas imposable, sauf s'il y a application pour les intérêts du prélèvement de 7,5 % (voir ci-dessous);
– des retraits partiels échelonnés;

■ L'assuré qui dispose, par exemple de 100 000 € sur son contrat, retirera, au fur et à mesure de ses besoins, par exemple, 1 000 € ou 2 000 € par mois ou par trimestre.

– l'assurance-vie vous permet, également, de percevoir une **rente temporaire** d'une durée librement déterminée (par exemple, 10 ou 15 ans), ou de retenir la solution de la **rente**

viagère servie jusqu'au décès de l'assuré. L'assuré peut demander que la rente soit intégralement ou partiellement reversée à son conjoint après son décès. On dit alors que la rente est réversible ;
– enfin, le contrat peut, aussi, être laissé en l'état : toute l'épargne étant, au décès de l'assuré, attribuée au(x) bénéficiaire(s).

Rappelons que **l'imposition n'a lieu que sur les intérêts et la plus-values**. Les produits sont constitués par la différence entre les sommes remboursées à l'assuré et le montant des primes versées.

CHOISIR AU MIEUX SON MODE DE SORTIE

► La sortie d'un contrat est à préparer longtemps à l'avance. Afin d'éviter, le moment venu, toute baisse de valeur d'un contrat multisupport, il est préférable de passer, petit-à-petit, les fonds d'un support dynamique vers un support plus sécuritaire.
La fiscalité tient une place importante dans ce choix, surtout depuis que l'article 21 de la loi de finances pour 1998 a introduit, sous certaines conditions, un nouveau prélèvement de 7,5 % à l'échéance de 8 ans.

PEUT-ON TOUT RÉCUPÉRER EN UNE FOIS ?

Sortir en une seule fois les fonds de son contrat d'assurance-vie, c'est s'interdire par la suite d'obtenir des intérêts ou des revenus sur les sommes qui auraient été laissées en compte.

Attention, aussi, si vous souhaitez tout récupérer d'un coup à ne pas supporter le prélèvement de 7,5 % à la sortie sur les intérêts. Ce type de sortie est, donc, plutôt à privilégier sur les contrats exonérés de ce prélèvement.

Sont exonérés du prélèvement de 7,5 % :

– les sorties pour cas de force majeure (licenciement ou mise en retraite anticipée de l'assuré ou de son conjoint, son invalidité ou celle de son conjoint);

– les contrats souscrits avant le 1er janvier 1983;

– les contrats PEP;

– les contrats comportant au moins 50 % d'actions européennes, dont 5 % de fonds à risques, dits « contrats DSK » au sens de l'article 21 de la loi de finances pour 1998, tant pour les nouveaux versements que pour les fonds transférés sur ces contrats jusqu'au 30 juin 1999.

Application du prélèvement libératoire de 7,5 % selon les contrats en cas de sorties après 8 ans

Contrats en actions (DSK)	*Contrats en euros*	*Contrats en unités de compte*	*Contrats PEP*
0 %	7,5 % *	7,5 % *	0 %

* Au-delà d'un abattement de 4 600 € de plus-value annuelle pour une personne seule et de 9 200 € pour un couple marié

Les retraits partiels échelonnés

Depuis le 1er janvier 1998 sont soumis à un prélèvement de 7,5 % à la sortie : les intérêts et plus-values des contrats ouverts après le 25 septembre 1997, ainsi que les produits des contrats en cours acquis ou constatés à compter du 1er janvier 1998 et concernant des versements réalisés après le 25 septembre 1997 (sauf les exceptions expliquées ci-dessous).

Le rachat ou les retraits au-delà de 8 ans sont soumis au prélèvement de 7,5 %

Lors de retraits partiels postérieurs à la huitième année du contrat, le prélèvement de 7,5 % s'applique sur les intérêts et plus-values du contrat qui font l'objet d'un retrait.

Le prélèvement de 7,5 % s'ajoute aux prélèvements sociaux de 10 % pour tous les contrats n'ayant pas supporté, chaque année, les prélèvements sociaux. Dans ce cas, l'imposition s'élève, au total, à 17,5 %.

De fait, ce nouveau régime fiscal entraîne une complexité dans la gestion des contrats. Pour un contrat à versements libres, l'assureur doit découper le contrat en au moins deux compartiments.

Le premier comprend les primes versées avant le 26 septembre 1997 et les versements qui sont assimilés à ces primes ainsi que les produits qui sont rattachés à ces versements.

Le deuxième compartiment comprend les autres primes versées à compter du 26 septembre 1997 ainsi que les produits acquis ou constatés à compter du 1er janvier 1998 attachés à ces primes.

Les produits capitalisés figurant dans le premier compartiment bénéficient d'une exonération d'impôt lorsque le contrat a une durée au moins égale à huit ans à la date du rachat alors que les produits capitalisés dans le second compartiment sont soumis à l'impôt quelle que soit la durée du contrat.

Les exonérations temporaires du prélèvement de 7,5 %

Les intérêts et plus-values des versements suivants demeurent exonérés du prélèvement de 7,5 % :

– les versements n'excédant pas 200 000 F (y compris les frais) réalisés entre le 26 septembre 1997 et le 31 décembre 1997 (pour un couple marié cette limite est fixée à 400 000 F si chacun des époux a souscrit personnellement ou conjointement un ou plusieurs contrats; instruction fiscale : 5-I-6-98 du 22 juin 1998 n° 18);
– les primes périodiques versées n'excédant pas celles initialement prévues pour des contrats signés avant le 26 septembre;
– les versements programmés faits entre le 26 septembre 1997 et le 31 décembre 1997 correspondant à un engagement de l'assuré conclu avant le 26 septembre 1997.

Un abattement annuel à la base avant le prélèvement de 7,5 %

Afin de limiter l'application de ce prélèvement, il est accordé sur les intérêts et plus-values un abattement annuel non cumulable, de 4 600 € pour les personnes seules et de 9 200 € pour un couple soumis à imposition commune.

Sont pris en compte dans cet abattement tous les bons ou contrats de capitalisation d'une durée au moins égale à 8 ans (ou 6 ans pour ceux conclus entre le 1er janvier 1983 et le 31 décembre 1989) souscrits par les membres du foyer fiscal.

En cas de mariage, divorce, décès du conjoint, chacune des impositions est établie en retenant le montant de l'abattement qui correspond à la situation du contribuable au cours de la période d'imposition. Ainsi, par exemple, en cas de mariage en cours d'année, l'imposition de chacun des époux pour la période antérieure au mariage est établie en retenant un abattement de 4 600 €. Pour la période postérieure au mariage, le couple bénéficie d'un abattement de 9 200 €.

Les produits perçus par un adhérent domicilié fiscalement hors de France sont soumis aux règles des conventions internationales, mais les non-résidents ne bénéficient pas de l'abattement.

Pour qui sait utiliser les abattements prévus, astucieusement, il est possible d'échapper au prélèvement de 7,5 %. Avant tout retrait, il convient de demander à son assureur ou à son conseil en gestion de patrimoine un calcul préalable pour retirer, chaque année, jusqu'à la limite des abattements. En pratique, ce sont, surtout, les gros contrats faisant l'objet d'une récupération des fonds non échelonnée qui sont touchés par cette mesure.

La sortie en rente viagère est-elle intéressante ?

Le montant de la rente viagère est calculé en fonction de tables dites de mortalité qui attribuent à chaque âge une espérance de vie moyenne. C'est cette espérance de vie qui permet à l'assureur de convertir un capital en rente.

Les rentes viagères ne sont imposables que pour une partie de leur montant selon l'âge du crédirentier. Elles bénéficient d'un abattement selon l'âge du rentier.

■ Ainsi, un rentier de 59 ans qui percevrait une rente viagère annuelle de 10 000 € bénéficierait d'un abattement de 50 % et il ne serait imposé que sur une base de 5 000 €.

La rente est imposable en fonction de l'âge du rentier à la date de son premier versement.

Âge du crédirentier	*Fraction imposable*	*Abattement*
Moins de 50 ans	70 %	30 %
Entre 50 et 59 ans	50 %	50 %
Entre 60 et 69 ans	40 %	60 %
Au-delà de 69 ans	30 %	70 %

▶ **Bon à savoir** : les prélèvements sociaux sont uniquement dus sur la partie imposable de la rente. Exemple : une rente annuelle de 1 000 € versée à un assuré de 65 ans, les prélèvements sociaux sont calculés sur 400 €.

L'abattement dépend de l'âge de l'assuré

L'âge à prendre en compte est celui à la date d'entrée en jouissance de la rente, c'est-à-dire, en principe, l'âge du premier versement.

Si un rentier commence à percevoir sa rente dès 60 ans, l'imposition durant toute la durée de versement de la rente aura lieu sur une base de 40 %, peu importe que ce rentier vive jusqu'à l'âge de 95 ans.

Cas des rentes attribuées aux conjoints

Lorsque deux rentes viagères sont perçues par un couple, la fraction imposable de chaque rente est appréciée séparément en tenant compte de l'âge de chacun au premier versement de la rente. En revanche, si une seule rente viagère réversible est perçue par un couple, l'âge à retenir pour l'imposition de la rente est l'âge du plus âgé des deux époux lors de l'entrée en jouissance de la rente. Lorsque la rente est réversible, en cas de décès du premier rentier, la même fiscalité de la rente viagère se poursuit, sauf si le survivant a atteint, au moment, de sa réversion un âge plus favorable.

> ■ Exemple : un rentier âgé de 65 ans à l'origine, dont la rente viagère est réversible subira une fiscalité de 40 %, supposons qu'il décède à l'âge de 76 ans, son épouse ayant à cette époque, 72 ans, l'épouse bénéficiera alors de l'abattement maximum de 70 % et elle subira une imposition à hauteur de 30 %.

La rente doit être reportée dans une rubrique « rentes viagères à titre onéreux » qui ne figure que sur les **imprimés de déclaration complémentaire** (et non les déclarations simplifiées).

En optant pour une rente, l'assuré peut réaliser une excellente affaire s'il vit longtemps, une mauvaise s'il vit moins que la durée moyenne de vie correspondant à son âge.

La rente offre une totale sécurité

La rente présente deux avantages :

– d'une part, elle supporte la comparaison avec les autres placements sécuritaires. Alors que les obligations rapportent du 5 %, à partir de 65 ans, les coefficients de transformation des capitaux en rente sont supérieurs à ce rendement d'épargne;

– d'autre part, sortir, actuellement, en rente évitera à l'assuré de subir une possible nouvelle baisse des taux de rentes. La prise en compte de l'allongement de la durée de vie impose, tous les trois ans, au montant initial d'une rente viagère une diminution d'environ 4 %.

- Une étude de **l'Observatoire des retraites** montre, en effet, qu'entre 1992 et 2000, le capital nécessaire pour obtenir 0,15 € de rente viagère a augmenté de 28,75 % et qu'entre 1992 et 2010 il augmentera de 34,72 %. Entre 1992 et 2038, la hausse du capital nécessaire sera de 50,62 %. Lorsqu'il fallait en 1992 un capital de 15 € pour avoir une rente viagère, il faudra en 2010, 20,54 € pour avoir la même rente et 22,96 € en 2038. En transformant, aujourd'hui, un capital en rente viagère, on garantit, ainsi, le montant de la rente.

En revanche, le **principal reproche fait à la rente**, c'est son aspect « aliénation » du capital, c'est-à-dire que le capital transformé en rente est perdu pour les héritiers et les bénéficiaires désignés. Toutefois, il existe, de plus en plus de rentes qui offrent une garantie de reversement du capital non utilisé aux héritiers ou aux bénéficiaires désignés.

La rente PEP n'est pas imposable

Si le contrat d'assurance-vie a été souscrit dans le cadre fiscal du plan d'épargne populaire (PEP), la rente viagère est totalement exonérée d'impôt (voir p. 46).

Quel est l'intérêt d'une rente à durée limitée ?

À la différence de la rente viagère qui n'est attribuée qu'à l'assuré en vie ou à l'assuré puis à son conjoint s'il a été prévu qu'elle serait réversible, la rente par « annuités certaines » est versée aux héritiers si l'assuré décède avant le terme prévu. Sa durée de versement ne peut, donc, pas être réduite par le décès de l'assuré.

De plus, étant, en principe, considérée comme une succession de retraits partiels, elle n'est pas imposable dans la limite où elle n'excède pas le seuil d'abattement de 4 600 ou 9 200 € d'intérêts ou de plus-values (voir ci-dessus).

Enfin, ce type de rente peut être versé directement à l'assuré, à ses ayants-droit (héritiers au cas où l'assuré n'auraient pas désigné de bénéficiaire) ou aux bénéficiaires du contrat.

Il est préférable de se renseigner préalablement auprès de l'assureur pour qu'il vous explique les modalités de versements de la rente à durée limitée, modalités très variables d'un contrat à l'autre.

Peut-on panacher plusieurs modes de sortie ?

Il reste, également, comme solution intermédiaire, celle de ne traduire en rente viagère qu'une partie de l'épargne. Cette solution permet un équilibre entre la sécurité apportée par la rente viagère, la possibilité de transmettre un capital à ses héritiers ou à ses proches sans droit de succession. Les sommes restant sur le contrat continuent à produire des intérêts.

X. Le règlement des différends assuré/assureur

Le système de la **médiation** a pour objectif un traitement à deux niveaux :

– l'assuré contacte, d'abord, le service consommateurs de sa société d'assurances ;

– le recours au médiateur n'intervient qu'ensuite : soit, l'entreprise désigne son propre médiateur, soit elle invite le réclamant à faire appel au médiateur de l'organisation professionnelle à laquelle elle adhère (Fédération Française des Sociétés d'Assurances – FFSA – ou Groupement des sociétés à caractère mutuel – GEMA).

La médiation dans l'assurance

Mis en place en 1993 par la profession, le dispositif de médiation a pour objectif un traitement interne des réclamations. Chaque année, la Fédération Française des Sociétés d'assurances (FFSA) publie un rapport de son Médiateur. On constate que c'est souvent un manque d'information qui est l'origine des conflits concernant les contrats d'assurance.

Comment saisir le Médiateur ?

Il faut contacter l'assureur (agent général, courtier, bureau local de la société, délégation…), qui, dans la plupart des cas, proposera des solutions.

Si le désaccord persiste, l'assuré s'adresse au service chargé de traiter les réclamations (service consommateurs, service clientèle, service réclamation, l'appellation diffère selon les sociétés) en expliquant et en précisant :
– la nature exacte de la réclamation;
– le numéro du contrat;
– les références inscrites sur les lettres reçues de la société d'assurances;
– son numéro de téléphone;
– et toutes les pièces utiles (sans cependant se dessaisir des originaux).

Si la réponse ne satisfait pas l'assuré, il pourra saisir le médiateur, dont les coordonnées lui seront fournies par son assureur. Le recours au médiateur est gratuit. Le médiateur peut, aussi, être saisi directement par la société d'assurances.

La société d'assurances peut, aussi, lui proposer de saisir elle-même le médiateur. Elle ne peut, toutefois, le faire sans son accord. Le médiateur prendra, alors, contact avec l'assuré et demandera que lui soit communiqué tout document utile à l'instruction du dossier.

Le médiateur rend un avis motivé qui n'est pas contraignant : il ne s'impose pas à l'assuré ou à l'assureur qui, l'un et l'autre, conservent le droit de saisir le tribunal.

▸ Voici l'adresse : Médiation Assurance BP 907
75424 Paris Cedex 09.

En cas de problème persistant, on peut saisir les tribunaux.

Le dernier constat fait par le Médiateur de la FFSA

Le rapport 2001 du Médiateur de la Fédération Française des Sociétés d'assurances (FFSA) constate qu'entre octobre 2000 –

date de nomination de M. Francis Frizon, nouveau médiateur de la FFSA – et le 31 décembre 2001, 989 demandes de médiation ont été adressées au Médiateur. Parmi celles-ci 768 demandes relevaient de la médiation.

Dans le détail, 9,3 % de ces demandes ont été formulées par un intermédiaire intervenant pour le compte du réclamant.

La réclamation la plus modeste portait sur une somme de 62 €, la plus importante sur le versement d'un capital de 487 836 €.
– 55,8 % des demandes concernaient l'IARD (assurances incendie, accidents et risques divers), comme, par exemple, l'assurance automobile, l'assurance habitation, ces deux assurances représentant, d'ailleurs, la plus forte source de conflit, mais, il faut préciser que ce sont, aussi, les assurances les plus nombreuses. Viennent, ensuite, par ordre décroissant, l'assurance protection juridique, l'assurance voyage, l'assurance construction;
– 44,2 % des cas concernaient les assurances de personnes : en premier lieu, l'assurance-vie, puis à parts égales, les contrats de prévoyance et santé ainsi que les contrats collectifs, qui, pour l'essentiel, sont des contrats liés à un emprunt.

Le Médiateur relève que la plupart des conflits en assurances de personnes se situent autour de deux axes liés à la qualité de l'information initiale :
– l'information de l'assureur par le preneur d'assurance;
– l'information du souscripteur par l'assureur.

▶ Le rapport de 25 pages du Médiateur est directement consultable à l'adresse suivante :
www.ffsa.fr/effsa/FFSA/ffsaedit.nsf

La vie du contrat

Après avoir choisi votre contrat, vous allez le conserver pendant plusieurs années au cours desquelles plusieurs événements pourront se dérouler.

Pendant 8 ans ou plus, votre contrat d'assurance-vie va vivre et donc, enregistrer des versements ou certaines transformations, des transferts d'épargne d'un fonds à un autre, des retraits.

Il se peut, aussi – c'est le cas des contrats à prime unique ou des contrats à versements libres sur lesquels il n'y a pas de versement de nouvelles primes – que votre contrat capitalise simplement les intérêts, sans autre transformation qu'une épargne qui grossit.

Enfin, vous allez peut-être abandonner les versements périodiques que vous avez commencé; sachez, alors, que l'épargne de votre contrat continuera à progresser.

Documents de travail

Lettre de renonciation au contrat

(► *À envoyer en lettre recommandée avec demande d'avis de réception*)

Madame, Monsieur,

Le ...., j'ai souscrit un contrat d'assurance-vie .... (► *indiquez le nom du contrat*), n° .... (► *référence*), auprès de votre compagnie d'assurances.

Je déclare renoncer à mon adhésion au contrat .... et je demande le remboursement de la somme versée dans le délai de 30 jours prévu par la loi.

Veuillez agréer, Madame, Monsieur, ... (► *formule de politesse*).

À ...., le ....

(► *Signature*)

Demande d'information pour connaître le montant d'une avance

Monsieur, Madame,

Le ...., j'ai souscrit un contrat d'assurance-vie .... (▶ *indiquez le nom du contrat*), n° .... (▶ *référence*), auprès de votre compagnie d'assurances.

Ayant besoin de liquidités, je souhaite obtenir une avance d'un montant de .... (▶ *indiquez le montant*) euros sur mon contrat. Avant de prendre une décision définitive, je vous prie de me faire connaître les conditions et les modalités d'une telle opération :
– son coût,
– la somme maximale que je peux emprunter,
– les modalités de remboursement de cette avance (est-elle remboursable en euros ou en unités de compte ?).

Dans l'attente de votre réponse, je vous prie d'agréer, Monsieur (Madame), l'expression de mes .... (▶ *formule de politesse*).

À ...., le ....

(▶ *Signature*)

Demande de rachat

Monsieur, Madame,

Je détiens un contrat d'assurance-vie .... (▶ *indiquez le nom du contrat*), n° .... (▶ *référence*), souscrit auprès de votre compagnie le .... (▶ date).

Je souhaite effectuer un rachat total [ou partiel] de ce contrat.
Par la présente, je vous demande de me verser la valeur de rachat, soit .... euros,
conformément à l'article L. 132-23 du Code des assurances, dans les meilleurs délais à compter de la réception de ce présent courrier.

Je vous prie d'agréer, Monsieur (Madame), l'expression de ma considération distinguée.

À ...., le ....

(▶ *Signature*)

Attention : L'assureur doit verser à l'assuré le montant du rachat dans un délai maximal de deux mois sous peine de supporter des intérêts sur les sommes dues. Toutefois, ce délai légal peut être réduit par les conditions générales du contrat ou les conditions particulières qui peuvent, de leur côté, prévoir des indemnités en cas de retard de l'assureur.

Lettre pour bénéficier de l'abattement de 152 500 € et/ou payer le prélèvement de 20 %

ATTESTATION SUR L'HONNEUR
(Établie en application de l'article 990 I du Code Général des Impôts)

Je soussigné(e) Mme, Mlle, M. .... (▶ *indiquez les nom et prénom du bénéficiaire*)
Né(e) le ....
Demeurant .... (▶ *adresse complète*)

Agissant en ma qualité de bénéficiaire en cas de décès du contrat dont l'assuré était M. ...., né le .... à ...., demeurant à ...., souscrit auprès de la Société .... (▶ *nom*), atteste sur l'honneur qu'à ma connaissance à la date de signature de la présente attestation :

SELON LES CAS :

• Je ne suis bénéficiaire en cas de décès d'aucun autre contrat dont M. ...., né le .... à ...., demeurant à .... était l'assuré tant auprès de la compagnie .... qu'auprès d'autre(s) compagnie(s) ou organisme(s) d'assurance. En conséquence, je demande à la société d'imputer en totalité ou à concurrence des sommes imposables l'abattement d'un montant de 152 500 € sur les sommes versées en cas de décès, et, le cas échéant, de verser à l'administration fiscale le prélèvement de 20 % dû au-delà de cet abattement.

OU

• Je suis bénéficiaire en cas de décès d'autre(s) contrat(s) dont M. ...., né le .... à ...., demeurant à ...., était l'assuré auprès de la compagnie .... ou d'autre(s) organisme(s) d'assurance.

À ce titre, j'atteste avoir, déjà, demandé à bénéficier en totalité de l'abattement de 152 500 €. En conséquence, je demande à la société de verser à l'administration fiscale le prélèvement de 20 % dû sur les sommes versées en cas de décès.

OU

J'atteste avoir déjà demandé à bénéficier partiellement de l'abattement de 152 500 € pour un montant de .... euros. En conséquence, je demande à la société d'appliquer sur les sommes versées en cas de décès la part restante de l'abattement, et, le cas échéant, de verser à l'administration fiscale le prélèvement de 20 % dû au-delà de cet abattement

Je reconnais avoir été informé(e) qu'une copie de la présente attestation pourra être communiquée à l'administration fiscale, et que toute déclaration incomplète ou erronée de ma part serait susceptible de me rendre redevable d'un complément d'imposition sur les capitaux-décès perçus, sans préjudice de l'exigibilité éventuelle de pénalités et/ou intérêts de retard à raison des impôts éludés.

Fait à ...., le ....

(► *Signature précédée de la mention manuscrite « lu et approuvé »*)

Attention : L'assureur doit verser à l'assuré le montant du rachat dans un délai maximal de deux mois sous peine de supporter des intérêts sur les sommes dues. Toutefois, ce délai légal peut être réduit par les conditions générales du contrat ou les conditions particulières qui peuvent, de leur côté, prévoir des indemnités en cas de retard.

Documents complémentaires

Comment lire la simulation d'un assureur ?

Vous êtes nombreux à demander une simulation à votre banquier ou à votre assureur avant de prendre une décision importante pour placer votre argent. Hélas, les simulations remises ne sont pas toujours très claires. Les explications sont souvent inexistantes pour que vous puissiez vous faire une idée précise. Exigez des explications si vous ne comprenez pas quelque chose !

Voici l'exemple d'une simulation analysée par nos soins.
La simulation qui vous est proposée :
Avec « Miracle Garanti », notre groupe vous apporte dans le cadre du produit « Placement Miracle » tout ce que vous pouvez espérer d'un placement moderne. Jugez-en vous-même :

1. « Placement Miracle » est un contrat d'assurance-vie multisupport de X, filiale d'assurance-vie d'un grand groupe bancaire. Ce contrat permet d'investir les sommes versées dans un support en euros et dans toute la gamme des OPCVM de la banque.
Inconvénients : La simulation n'indique pas qu'il s'agit d'un contrat multisupport n'offrant pas de garanties de valeur sur de nombreux supports. Or certains de ceux-ci entre le 31 avril 2001 et le 30 juin 2002 ont perdu plus de 40 %.

2. « Miracle garanti ». Aucun support du contrat ne porte plus actuellement ce nom.
Le commercial s'est donc servi d'un ancien support pour calculer sa simulation.
Le taux net de 6,5 % indiqué n'est pas garanti, contrairement à ce que le nom du produit laisse supposer.
Inconvénients : L'utilisation du nom d'un produit qui n'est plus commercialisé aujourd'hui est de nature à induire l'épargnant en erreur. Pourquoi la simulation ne fait-elle pas simplement référence au support en euros qui lui ne garantit qu'un taux de rendement de 3 % ?

3. « Cotisation initiale 6 000 € (frais d'adhésion inclus) ». Les frais prélevés sont de 5 %, soit 300 €, c'est-à-dire que seulement 5 700 € sont investis dans le contrat. Mais le candidat à l'assurance l'ignore.
Inconvénients : Le montant des frais d'entrée n'est pas indiqué. Compte tenu du montant de la somme versée ces frais ne sont pas particulièrement intéressants.

4. La simulation présentée comme pouvant verser des revenus à l'assuré indique « PFL cumulés » Il s'agit, en réalité, du prélèvement forfaitaire libératoire. Les intérêts et plus-values du contrat qui n'atteint pas huit ans sont :
– soumis à un prélèvement libératoire de 45 % lorsque la durée du contrat est inférieure à quatre ans;
– soumis à un prélèvement libératoire de 25 % lorsque la durée du contrat est comprise entre quatre et huit ans;
– ou à l'imposition sur le revenu, si le contribuable le désire (c'est son intérêt s'il est imposé dans une tranche plus faible que le pourcentage de prélèvement libératoire).

Inconvénients : Cette simulation n'indique pas clairement à l'assuré qu'il dispose d'un choix entre le prélèvement libératoire et le paiement de l'impôt sur le revenu s'il désire retirer des fonds de son contrat, par exemple, sous forme de revenus.

Elle n'informe pas plus le client de la périodicité des revenus qui, en réalité sont trimestriels, alors que tout est fait pour faire croire qu'ils sont versés chaque mois.

5. « 6,5 % net »

Inconvénients : Le rendement des sommes investies sur le support en euros était bien de 6,5 % …en 1999… mais depuis les rendements des supports en euros ont chuté et l'an dernier le rendement n'était que de 5 %.

Il faut, aussi, tenir compte dans le calcul de rentabilité des frais sur versements (300 €), de l'imposition et des rachats effectués par l'assuré.
En incluant ces éléments la rentabilité tombe.

Commentaire général : dans cette simulation, comme dans beaucoup d'autres, tout est fait pour faire croire au client prospecté qu'il va placer son argent dans un support garanti : utilisation du terme miracle garanti et du taux d'intérêt de 6,5 %.

Il est préférable, pour les contrats à revenus, de répartir le capital servant des revenus sur deux ou plusieurs profils. Cela permet, en effet, d'éviter les fluctuations à la hausse qui entraînent des impositions plus élevées des intérêts. C'est, aussi, la raison pour laquelle les assureurs prévoient, généralement, des revenus sur des contrats en euros ou sur des supports peu risqués.

Supposons **l'exemple simplifié** suivant :
– un contrat sur lequel sont investis 149 705 € (152 445 € moins les frais d'entrée),

– un retrait de 2 180 € à la fin de la première année,
– un retrait du même montant à la fin de la deuxième année,
– un retrait du même montant à la fin de la troisième année.
Les prélèvements sont de 45 % (35 % + 10 %)

Hypothèse A :

Dans la première hypothèse, le contrat progresse de 30 % la première année, également, de 30 % la seconde année. En revanche, au cours de la troisième année, il y a un krach boursier qui diminue sa valeur de rachat au même montant que le contrat en euros de l'hypothèse B.
Valeur de rachat à la fin de la première année : 194 524 €, le retrait de 2 180 € subit une imposition de 212 €
Valeur de rachat à la fin de la seconde année : 247 987 €, le retrait de 2 180 € subit une imposition de 378 €
Krach boursier : Valeur de rachat à la fin de la troisième année : 173 363 €, le retrait de 2 180 € subit une imposition de 118 €.
Total des impositions : 708 €

Hypothèse B :

Dans la deuxième hypothèse le contrat en euros performe de 5,5 % l'an, aussi bien que la première, que la deuxième, que la troisième année.
Valeur de rachat à la fin de la première année : 157 938 € le retrait de 2 180 € subit une imposition de 34 €.
Valeur de rachat à la fin de la seconde année : 164 325 € le retrait de 2 180 € subit une imposition de 71 €.
Valeur de rachat à la fin de la troisième année : 173 363 € le retrait de 2 180 € subit une imposition de 118 €.
Total des impositions : 223 €

Au bout de trois ans alors que la valeur de rachat est identique à un moment X et en ayant perçu les mêmes revenus dans les deux cas (6 540 €), le premier assuré a supporté 708 € d'impôt (pression fiscale supérieure à 10 % des retraits), le second 223 €.

Application du régime d'exonération des droits de succession pour les contrats ouverts à partir du 13 octobre 1998

Pour transmettre l'épargne disponible sur son contrat d'assurance-vie en exonération (selon les cas, partielle ou totale) de droits de succession, il faut, obligatoirement, désigner un ou plusieurs bénéficiaires.

Voici quelques exemples de situations :

Exemple n° 1 : deux parents possèdent, chacun, plusieurs contrats dont le bénéficiaire est un enfant unique

Assuré M. Dupont sur le contrat A1 bénéficiaire son fils unique pour 55 000 €

Assuré M. Dupont sur le contrat A2 bénéficiaire son fils unique pour 25 000 €

Assuré M. Dupont sur le contrat A3 bénéficiaire son fils unique pour 20 000 €

Assurée Mme Dupont sur le contrat B bénéficiaire son fils unique pour 90 000 €

Assurée Mme Dupont sur le contrat B1 bénéficiaire son fils unique pour 70 000 €

Le fils de Monsieur et Madame Dupont est imposable sur une base de 10 000 €. S'il reçoit 100 000 € de son père (donc moins de 152 500 €), il perçoit, en revanche, 160 000 € de sa mère (donc plus de 152 500 €). Il devra verser 1 500 € de droits spécifiques (7 500 € × 20 %).

Exemple n° 2 : Les parents possèdent, chacun, plusieurs contrats dont les bénéficiaires sont leurs quatre enfants

Assuré M. Dupont

– Sur le contrat A 1 : bénéficiaire sa fille Anne pour 60 000 € et son fils Paul pour 80 000 € et son fils Jean-Pierre pour 50 000 €.

– Sur le contrat A 2 : bénéficiaire sa fille Anne pour 70 000 € et son fils Anatole pour 40 000 € et son fils Benoît pour 20 000 €.

Assuré Mme Dupont

– Sur le contrat B1 : bénéficiaire son fils Jean-Pierre pour 60 000 €

– Sur le contrat B2 : bénéficiaire son fils Benoît pour 110 000 €

– Sur le contrat B3 : bénéficiaire son fils René pour 160 000 €

Les quatre enfants de Monsieur et Madame Dupont, reçoivent, au total, 650 000 €, dont une partie est imposable. Pour savoir quel bénéficiaire est

imposable, il faut faire le total des sommes reçues par chaque enfant et au titre de chaque assuré :
– Anne reçoit 130 000 € de son père. Elle n'est pas imposable. Elle ne reçoit rien de sa mère.
– René reçoit 160 000 € provenant de sa mère. Il est imposable, puisqu'il reçoit plus de 152 500 € de la part de cette assurée. Il devra payer 1 500 € (7 500 € × 20 %)
– Jean-Pierre reçoit 500 000 € de son père et 60 000 € de sa mère. Il n'est pas imposable.
– Benoît reçoit 200 000 € de son père et 110 000 € de sa mère. Il n'est pas imposable.
Total transmis : 650 000 €
Total des taxations : 1 500 €

La taxation est très faible dans cet exemple, mais cette imposition aurait pu être évitée, même sans modifier les sommes attribuées à chaque enfant, si les parents avaient mieux préparé la répartition des fonds sur leurs contrats : il aurait suffi à la mère de ne donner que 152 500 € à René et au père de lui donner 10 000 €, ce qui aurait mis chaque contrat en dessous du seuil.
En outre, cette répartition est fortement inégalitaire. est-ce voulu ou non ?
Si au niveau d'un couple désirant transmettre des fonds à ses enfants, les sommes disponibles sur un contrat sont disproportionnées par suite d'une performance meilleure d'un contrat par rapport à l'autre, n'hésitez pas à transférer une partie des fonds sur l'autre contrat afin d'équilibrer par assuré et bénéficiaire la franchise de 152 500 €. En effet, même si vous supportez un prélèvement de 7,5 % à la sortie (mais vous pouvez l'éviter en faisant des transferts plus fréquents) et des frais d'entrée, vos bénéficiaires économiseront une taxation forfaitaire de 20 %.

Texte de l'instruction fiscale du 30 avril 2002 (7 G-5-02)

« La présente instruction a pour objet de préciser les conditions dans lesquelles les sommes versées par un assureur dans le cadre d'un contrat d'assurance souscrit avant le 20 novembre 1991 sont susceptibles d'être taxées aux droits de mutation par décès ».

La doctrine fiscale précédente

« Les sommes versées par un assureur dans le cadre de contrats souscrits avant le 20 novembre 1991 ne sont pas soumises aux droits de mutation par décès, quel que soit l'âge de l'assuré à la date de conclusion du contrat ou du versement des primes.

Cela étant, lorsque des modifications aux contrats souscrits avant le 20 novembre 1991 auront été apportées à compter de cette date, le régime fiscal des sommes versées sera fonction de l'importance de ces modifications par rapport aux stipulations du contrat :

– soit les nouvelles clauses ne modifient pas l'économie du contrat (changement de bénéficiaire, des modalités de versement du capital ou de la rente…). Dans ce cas, les sommes versées par l'assureur, quelle que soit la date du versement des primes, ne sont pas assujetties aux droits de mutation par décès au décès de l'assuré;

– soit les nouvelles clauses modifient l'économie du contrat, tels que le versement de nouvelles primes non prévues dans le contrat originel (transformation d'un contrat à prime unique en un contrat à prime multiples ou à versements libres) ou le versement de primes disproportionnées par rapport à celles payées avant le 20 novembre 1991. Dans cette hypothèse, le capital ou la rente payable au décès de l'assuré entre dans le champ d'application du dispositif prévu à l'article 757-B du CGI, dès lors que les modifications essentielles apportées au contrat originel, à compter du 20 novembre 1991, ne permettent plus de considérer qu'il s'agit d'un contrat souscrit avant cette date. Dans ces conditions, les primes versées postérieurement au 20 novembre 1991 sont soumises aux droits de succession au décès de l'assuré ».

La doctrine fiscale nouvelle depuis mai 2002

« Désormais, le seul versement de nouvelles primes non prévues dans le contrat originel ou le versement de primes disproportionnées par rapport à celles payées avant le 20 novembre 1991 ne peut plus être analysé comme une modification substantielle de l'économie du contrat de nature à supprimer l'antériorité du contrat pour la détermination du régime fiscal des nouvelles primes versées. La doctrine administrative sur ce point est donc rapportée ».

Les chiffres en euros de l'assurance

• Plafond de versements sur le PEP assurances : 92 000 €.

• Abattement sur les contrats d'assurance-vie (pour les plus de 70 ans) : 30 500 €.

• Exonération de droits de succession pour un même assuré et par bénéficiaire désigné sur les contrats d'assurance-vie : 152 500 €.

• Abattement sur les produits imposables au prélèvement à 7,5 % :
– pour une personne seule : 4 600 €.
– pour un couple marié : 9 200 €.

Abattement en matière de succession ou de donation :
– en faveur des petits-enfants : 15 000 € (montant qui devrait-être doublé en 2003).
– en faveur du conjoint : 76 000 €.
– en faveur de chaque enfant par chaque parent : 46 000 €.

Adresses utiles

Centre de documentation et d'information de l'assurance (CDIA)

26, boulevard Haussmann
75311 Paris Cedex 09
répondeur : 01 42 46 13 13
minitel : 3614 CDIA (0,37 F/mn)
site Internet : www.ffsa.fr

Fédération Française des Sociétés d'Assurances (FFSA)

26, boulevard Haussmann
75311 Paris Cedex 09
site Internet : www.ffsa.fr

GEMA

Groupement des sociétés à caractère mutuel
9, rue de Saint-Pétersbourg
75008 Paris
tél. : 01 53 04 16 00
fax : 01 43 87 80 74
site Internet : www.gema.fr

CIRNS

Centre d'Inscription au Répertoire National des Souscripteurs.
42, rue de Dunkerque
75009 Paris
ou
2, quai de Bondy
69005 Lyon
tél. : 06 62 65 43 55
site Internet : www.site.voila.fr/cirns

Médiation Assurance

BP 907
75424 Paris Cedex 09

Médiateur de la FFSA

BP 290
75425 Paris Cedex 09
tél. : 0820 03 15 24 (indigo)
télécopie : 01 45 23 27 15

Commission de contrôle des Assurances

54, rue de Châteaudun
75009 Paris
tél. : 01 55 07 41 41
télécopie : 01 55 07 41 50
réclamations des assurés : tél. : 01 55 07 41 00

Glossaire

Les assureurs utilisent un vocabulaire technique particulier. Des expressions parfois compliquées sont employées. En voici quelques exemples :

Adaptable Se dit des primes, des garanties ou des franchises, dont le montant varie par référence à un indice défini dans le contrat.

Âge limite Les contrats d'assurance-vie prévoyant une garantie décès complémentaire (garantie plancher ou autre) peuvent fixer un âge maximal de souscription. Il est, généralement, compris entre 65 et 75 ans.

Agent général Mandataire d'une compagnie d'assurance dont la rémunération est fixée à la commission.

Arbitrage Changement d'un ou plusieurs supports dans un contrat d'assurance-vie en unités de compte. Toute ou partie de l'épargne peut être transférée dans le cadre d'un arbitrage. Toutefois, pour éviter de petits arbitrages incessants, certains contrats fixent un minimum d'arbitrage de l'ordre de quelques centaines d'euros. Afin de rémunérer leurs frais administratifs entraînés par l'arbitrage, les assureurs prélèvent, généralement, lors de chaque arbitrage des frais, soit forfaitaires, soit proportionnels au montant de la somme transférée.

Arrérage Somme d'argent versée périodiquement (généralement à terme échu) à la personne bénéficiaire d'une rente.

Assurance de groupe Catégorie d'assurance permettant à un groupe de souscrire un contrat au profit de leurs salariés et/ou de leurs membres.

Assurance mixte Il s'agit d'un contrat comportant, à la fois, des garanties en cas de décès et/ou d'invalidité et une valeur d'épargne. Le reproche généralement fait à ce type de contrat est de ne pas permettre à l'assuré de bien distinguer la partie prévoyance de la partie épargne. Ce mélange est souvent préjudiciable à l'assuré, d'autant que certains assureurs en profitent pour prélever, de manière discrète, des frais importants afin de rémunérer leur réseau commercial ou de favoriser d'autres contrats utilisés comme produits d'appel.

Avance Sorte de prêt consenti par l'assureur à l'assuré pour une durée limitée. Les avances ne peuvent pas dépasser 80 % de la valeur de l'épargne disponible pour les contrats en euros et 60 % pour les multisupports. Chaque avance doit être remboursée dans les trois ans de son obtention et, en tout cas, au plus tard, à l'échéance du contrat.
L'avance n'a aucune conséquence financière sur le contrat qui se valorise normalement en ne tenant pas compte de la somme avancée. Dans la plupart des contrats, le coût réel de l'avance varie entre 0,50 et 1,50 % l'an. Les sommes avancées sont neutres d'un point de vue fiscal.

Avenant Document écrit qui modifie certaines conditions du contrat. L'avenant fait partie intégrante du contrat.

Ayant-droit Personne titulaire d'un droit venant d'une autre personne. Un enfant peut être un ayant-droit de ses parents.

Bénéficiaire Toute personne au choix (conjoint, enfant, parent, ami…) que vous avez désigné pour bénéficier des garanties d'un contrat d'assurance-vie et pour recevoir l'épargne disponible. Lorsqu'il a accepté le contrat, son accord est indispensable pour que l'assuré puisse obtenir une avance, faire un retrait partiel, modifier la clause bénéficiaire du contrat ou le mettre en gage.

Bénéfices Dans les supports en euros, la participation des assurés aux bénéfices de l'assureur a lieu par rapport aux bénéfices techniques et par rapport aux bénéfices financiers réalisés par ce dernier. Dans les meilleurs contrats, ces participations sont de 100 %. La loi fait, cependant, obligation aux assureurs de donner aux assurés au minimum 90 % de leurs bénéfices techniques et 85 % de leurs bénéfices financiers.

Cas de force majeure Événement imprévisible, irrésistible, indépendant de la volonté des assurés permettant, dans le cas de l'assurance-vie, de sortir sans imposition.

Clause Disposition particulière d'un contrat.

Capitalisation Mécanisme financier individualisé consistant à ajouter, chaque année, les intérêts et produits au capital pour les faire eux-mêmes fructifier.

Cessation d'activité (salariée/non salariée) Tout simplement, il s'agit de la date à laquelle on prend sa retraite ou l'âge de la retraite. En règle générale, cette expression est peu employée dans les contrats d'assurance-vie, sauf, parfois, dans des garanties en faveur des bénéficiaires.

Circonstances exceptionnelles Il s'agit d'événements extérieurs à l'assuré ou au bénéficiaire et sur lesquels il n'a aucune influence (par exemple : une grève, un attentat…). Terme moins fort que le cas de force majeure.

Clause bénéficiaire La plus grande liberté est laissée quant au choix des bénéficiaires, et cela indépendamment des règles successorales prévues par le code civil. La clause bénéficiaire peut-être mentionnée sur le bulletin d'adhésion lui-même ou être inscrite sur une feuille libre, voire dans son testament. Dans ce cas il vaut mieux préciser sur le bulletin d'adhésion « clause séparée ci-jointe ou la clause bénéficiaire est déposée chez mon notaire, maître X ».

Code des Assurances Code contenant l'ensemble des lois et des règlements qui doivent être respectés par les sociétés d'assurances et qui régissent les relations assureurs/assurés. Il contient trois parties : une partie législative (articles commençant par L.), une partie réglementaire (articles commençant par R.), et, enfin une dernière partie (articles commençant par A.).

Conditions Générales Partie du contrat d'assurance regroupant l'ensemble des garanties et des règles de base de l'assurance édictées, notamment, par le Code des assurances et les usages professionnels et s'appliquant au contrat.

Conditions Particulières Document qui énumère les possibilités particulières du contrat quant aux garanties souscrites. Il indique, également, les caractéristiques du risque assuré et il précise la date d'effet du contrat et le montant de la cotisation.

Contrat Écrit (dans le cadre du contrat d'assurance-vie) qui reprend les engagements mutuels de l'assureur et de l'assuré.

Contrat en euros Contrat dont l'actif est principalement investi en emprunts d'État et en obligations et qui garantit, chaque année, un rendement minimum. Sur ce type de contrat l'épargne ne peut fluctuer qu'à la hausse.

Contrat en unités de compte Sur ce type de contrat l'épargne est investie dans des supports, dont le cours peut varier, à la hausse, comme à la baisse. Ces contrats ne comportent pas de valeur minimale garantie. La plupart des contrats en unités de compte sont, aujourd'hui, des contrats multisupports disposant de plusieurs supports et des contrats DSK.

Cotisation Contrepartie financière des garanties apportées par l'assureur. Elle peut être acquittée périodiquement (mensuelle) ou annuellement.

Courtier Mandataire de l'assuré qui recherche, en toute indépendance, la société d'assurances qui garantira au mieux les intérêts de son client.

Crédit rentier Celui qui perçoit la rente dans le cas d'une sortie du contrat d'assurance-vie en viager.

CSG Contribution sociale généralisée. Elle fait partie des prélèvements sociaux d'un taux de 10 % dans l'assurance.

Date d'effet Date à partir de laquelle les garanties d'un contrat produisent leur effet.

Débit-rentier (ou débirentier) Celui qui verse la rente dans le cas d'une sortie du contrat d'assurance-vie en viager (en principe, il s'agit de l'assureur).

Déchéance Perte d'un droit ou d'une indemnisation prévue dans le contrat.

Déclaration de bonne santé Dans le bulletin de souscription du contrat, il s'agit d'un simple paragraphe rempli par l'assuré reconnaissant qu'il n'a pas de maladies graves et qu'il n'est pas en état d'invalidité permanente. Seuls certains contrats d'assurance-vie proposant une garantie plancher ou une garantie majorée contiennent ce type de clause.

Durée du contrat Durée sur laquelle s'engagent contractuellement l'assureur et l'assuré. Elle est d'au moins 8 ans en assurance-vie, mais elle peut être, également, jusqu'au décès de l'assuré.

Échéance Date future qui entraîne un événement financier dans la vie du contrat : récupération d'un capital, date de versement d'une rente…

Effet cliquet Système selon lequel une baisse des marchés n'a aucune influence sur les taux de rendement de l'année précédente. L'effet cliquet permet d'engranger les intérêts d'une année à l'autre. Exemple : dans un contrat d'assurance-vie en euros si la performance est de 5 % une année et de 7 % l'année suivante, l'assuré est certain de bénéficier du cumul des intérêts. À l'inverse dans les contrats multisupports les performances peuvent varier à la baisse ou à la hausse selon les cours des marchés financiers. Cependant, certains multisupports permettent d'assurer (gratuitement ou moyennant le paiement d'une cotisation), soit l'investissement net de l'assuré, soit un rendement minimal annuel qui peut, alors, se comparer à l'effet cliquet.

Exclusion Clause du contrat prévoyant que la garantie ne s'applique pas soit dans des circonstances précises soit à des personnes ou à des objets.

FCP Créés en 1979, les Fonds Communs de Placements (FCP) ne possèdent pour les particuliers, pratiquement, aucune différence avec les SICAV. Ils sont offerts dans les contrats d'assurance-vie depuis une dizaine d'années.

Frais de gestion Ces frais d'un montant généralement compris entre 0,5 et 1,5 % l'an s'appliquent directement sur la performance brute.

Franchise Partie du dommage restant à la charge de l'assuré lors du règlement de l'indemnité.

Garantie décès complémentaire Elle permet en cas de décès de l'assuré de compléter l'épargne constituée à cette date, d'une somme équivalente à l'épargne programmée restant à payer entre la date du décès et l'échéance du contrat.

Garantie plancher Assurance garantissant à l'assuré qu'en cas de baisse de valeur de l'épargne de son contrat d'assurance-vie, les bénéficiaires désignés percevront, au moins, le capital investi (hors frais de versements). Exemple : l'assuré investit 100 € sur son contrat, ses bénéficiaires récupéreront 100 €. Cette garantie est généralement facultative, moyennant une cotisation payée par l'assuré.

Mais la garantie plancher peut, aussi, être proposée à tous les souscripteurs, son coût est, alors, intégré dans les frais de gestion.

Groupe ouvert Association ou groupement formé en vue de la souscription de contrats d'assurance de personnes ouvert aux adhésions individuelles, à la différence des assurances collectives, qui s'adressent à des groupes fermés d'adhérents (par exemple, les salariés d'une entreprise ou d'une profession).

IARD Cette abréviation désigne une branche d'assurance dommage couvrant, d'une manière générale, l'incendie, les accidents et les risques divers.

Imposition Il s'agit, soit de l'impôt sur le revenu des personnes physiques (IRPP), soit du prélèvement libératoire (qui remplace cet impôt), soit, enfin, des droits de succession.

Incapacité et invalidité Dans les garanties complémentaires des contrats d'assurance-vie, on peut distinguer plusieurs niveaux en fonction de la durée et de la gravité du handicap :
– incapacité temporaire de travail : Le fait, pour une personne blessée ou un malade, d'interrompre momentanément ses activités professionnelles.
– perte totale et irréversible d'autonomie : personne dans l'incapacité de se livrer à une occupation pouvant lui procurer un gain et nécessitant l'assistance d'une tierce personne.
– invalidité permanente et totale : Diminution du potentiel physique ou psychique d'une personne dont l'état est stabilisé et entraînant l'incapacité d'avoir une activité rémunérée de façon permanente.
L'invalidité est un état d'incapacité définitive dans lequel se trouve une personne suite à un accident ou à une maladie. Elle est mesurée en pourcentage. Une incapacité totale de 100 % implique, généralement, l'aide d'une tierce personne.

Indemnités journalières Lors d'un arrêt de travail pour incapacité temporaire totale de travail, l'assureur verse à l'assuré une indemnité forfaitaire par jour d'arrêt.

Indexation Réajustement automatique des garanties et des cotisations. L'indexation est fondée sur la progression d'un indice (indice du coût de la construction, indice de point de retraite...).

Indice Indicateur chiffré pouvant être mentionné dans les conditions particulières d'un contrat.

Intérêts composés Les intérêts composés sont des intérêts produits par les intérêts eux-mêmes. Ces « intérêts d'intérêts » ou encore appelés « intérêts capitalisés » peuvent se calculer grâce à une formule mathématique simple : exemple 10 000 € placés à 6 % font 10 600 € au bout d'un an, au bout de deux ans les 10 600 € obtenus à la fin de la première année permettront d'obtenir un capital de 11 236 €, alors qu'un intérêt de 12 % (6 + 6) sans capitalisation d'intérêts n'aurait permis d'avoir que 11 200 €. Il y a, donc, un gain de 36 € dû à la capitalisation des intérêts.
La formule pour calculer le capital final y compris les intérêts capitalisés à la fin de la N[e] année = Capital (1 + intérêts) à la puissance du nombre d'année n
$Cn = C (1 + i)^2$ $10\,000 = 10\,000 (1 + 6\%)^2 = 11\,236$ €.

Investissement net Par ce terme, on désigne la somme réellement investie par l'épargnant dans un contrat d'assurance-vie. Il faut donc déduire de la somme totale versée les frais d'entrée.

OPCVM Les Organismes de Placement Collectifs en Valeurs Mobilières servent de supports aux contrats d'assurance-vie en unités de compte. Ils comportent, principalement : les FCP et les SICAV (voir ces mots). Dans les deux cas, ils permettent de diversifier ses placements, sans avoir soi-même à gérer des valeurs en direct. Leur gestion est confiée à des spécialistes (gérant, analyste financier, économiste…).

Mise en demeure Rappel adressé par un acte d'huissier de justice ou par une lettre recommandée, à un débiteur défaillant lui ordonnant d'exécuter son obligation dans un délai déterminé, faute de quoi une procédure sera engagée contre lui.

Mixtes (assurances) Les assurances mixtes sont la combinaison d'une garantie en cas de vie et d'une protection en cas de décès. Ce sont, donc, à la fois, des contrats de prévoyance et des contrats de capitalisation, mais ces contrats, du fait du mélange, des leurs garanties sont, souvent, peu performants.

Nullité Absence de valeur juridique. Le terme désigne, également, la sanction pouvant être prononcée par un juge et annulant rétroactivement un acte juridique ne remplissant pas les conditions requises de validité.

Participation aux bénéfices Mécanisme selon lequel les entreprises d'assurances-vie ou de capitalisation font participer leurs assurés aux bénéfices techniques et financiers qu'elles réalisent. Selon le Code des assurances, les entreprises d'assurances doivent distribuer au minimum 90 % de leurs bénéfices techniques et 85 % de leurs bénéfices financiers. Ce dernier taux peut être contractuellement plus élevé.

Pénalités Sanctions pécuniaires constituées par des minorations fixes ou proportionnelles et prévues par certains contrat d'assurance-vie dans les cas de retraits de l'épargne avant 8 ans. Exemple : Lors de tout retrait au cours des deux premières années, les sommes retirées sont assorties d'une pénalité de 20 %.

Périodiques Versements faits sur un contrat d'assurance-vie de manière régulière (par exemple, tous les mois, tous les trimestres…). Cette expression est souvent synonyme de versements programmés.

Plan d'épargne populaire (ou PEP) Mécanisme d'épargne mis en place en 1990 et qui peut avoir soit une base bancaire (PEP bancaire), soit une base d'assurance (PEP assurance).

Plus-Value Il s'agit de l'accroissement de valeur du support d'un contrat d'assurance-vie. Supposons qu'un contrat sur lequel on a investi 1 000 € ait 8 ans après l'ouverture de ce contrat, une valeur de 1 900 €, on dit que la plus-value est de 900 €.

Police Preuve sur un support papier qui atteste du contrat entre l'assureur et l'assuré et contient les conditions générales et particulières du contrat.

Prélèvement libératoire Certains revenus sont soumis à un prélèvement qui les exonère de l'impôt sur le revenu progressif, on dit, alors, qu'il est libératoire de l'impôt. Le prélèvement libératoire peut être d'office ou laissé au choix du contribuable. Dans ce dernier cas, seuls les contribuables dont le taux marginal d'imposition est plus élevé que le taux de prélèvement libératoire ont intérêt à choisir le prélèvement libératoire.

Préavis de résiliation Délai minimum à respecter par l'assuré pour résilier le contrat qui le lie à l'assureur.

Prélèvements sociaux Ensemble des prélèvements pris sur la plus-value d'un contrat. En principe leur taux global est de 10 %.

Prescription Délai au terme duquel un contrat ne peut plus être réclamé, une instance ou une poursuite engagée.

Prime Contrepartie des garanties apportées par l'assureur. Elle peut être acquittée périodiquement (mensuellement) ou une seule fois par an.

Profils Gérés par des professionnels qui optimisent la répartition des actifs en fonction des évolutions des marchés, ces unités de compte permettent de valoriser au mieux l'épargne en fonction de plusieurs niveaux de risques et de performances que vous pouvez librement choisir. La plupart des contrats multisupports offrent trois niveaux de profils gérés en fonction du risque de plus en plus élevé : profil prudent, profil équilibre, profil dynamique.

Prorogation Prolongement de la durée d'un contrat, le plus souvent pour une durée déterminée, mais parfois pour une durée indéterminée.

Prorogation tacite Renouvellement automatique d'un contrat à son échéance.

Prorata temporis Calcul qui est fait en fonction de la durée écoulée. Une portion de la prime est due sur la période pendant laquelle l'assuré n'a pas été assuré.

Provisions mathématiques Ensemble des provisions et réserves constituées par l'assureur afin de garantir toutes les prestations prévues par le contrat. Les provisions mathématiques, qui représentent la majeure partie des provisions techniques, prennent en compte les tables de mortalité et un taux d'intérêt garanti.

Quittance Reçu délivré par l'assureur prouvant que la prime a bien été payée.

Rachat Ce terme désigne la récupération totale des sommes figurant sur le contrat d'assurance-vie avant le terme du contrat. Le rachat met fin au contrat.

Rachetable Caractère d'un contrat qui peut faire l'objet d'un rachat. Le contrat d'assurance-vie est rachetable, puisqu'il possède une valeur de rachat. Un contrat (par exemple, une assurance temporaire décès) qui n'a pas de valeur de rachat n'est pas rachetable.

Rente à vie ou rente viagère Versement fractionné de l'épargne jusqu'au décès de la personne percevant la rente ou lorsque celle-ci est réversible jusqu'au décès du co-rentier. En contrepartie, la rente ne permet pas la récupération d'une partie du capital, sauf exception pour les quelques rentes le prévoyant pendant une durée limitée de cinq à dix ans.

Rente temporaire Versée pendant une durée déterminée, elle s'interrompt en cas de décès du bénéficiaire si sa durée de versement n'est pas garantie. Elle n'est pas réversible. Mais elle dispose, sur le plan fiscal, d'un atout considérable : cette rente ne supporte pas de fiscalité.

Résiliation Cessation définitive et anticipée du contrat liant un assureur à son assuré, à la demande de l'une ou l'autre partie.
Opération permettant à l'assuré de récupérer une partie de son épargne. Sachez, aussi, que certains contrats peuvent imposer des règles strictes : interdiction des retraits partiels la première année du contrat, pénalités pouvant atteindre 5 % du montant des retraits les premières années.

Risque Événement incertain contre la réalisation duquel on peut s'assurer, par exemple, risque de décès.

Sortie anticipé On désigne, ainsi, le retrait des fonds (en partie ou en totalité) avant l'échéance normale.

Souscripteur Personne physique ou morale qui en signant le contrat adhère pour elle-même et pour les assurés aux conditions générales et particulières de ce contrat. Le souscripteur peut, aussi, être en même temps l'assuré. C'est, d'ailleurs, ce qui se produit dans la majorité des cas.

Souscription Acte par lequel le signataire adhère à un contrat ou acquiert un produit.

Subrogation Signifie remplacement.

Suspension garantie Suspension provisoire de la garantie prévue dans un contrat en cas de non-paiement des cotisations par l'assuré.

SICAV Créées en 1963, les Sociétés d'Investissement à Capital Variable servent, souvent, de supports aux contrats d'assurance-vie multisupports. Elles permettent de diversifier ses placements sans avoir soi-même à gérer des valeurs en direct. Leur gestion est, en effet, confiée à des spécialistes (gérant, analyste financier, économiste…).

SCPI Les Sociétés Civiles de Placement Immobilier dont les parts représentent des biens immobiliers servent de supports aux contrats multisupports.

Tacite reconduction Le fait de prolonger un contrat de façon automatique.

Taux minimum garanti Système qui permet aux sociétés d'assurances de garantir un taux annuel minimal de rendement incluant le taux d'intérêt garanti et la participation aux bénéfices.

Tiers Terme désignant tous les individus entièrement étrangers à la conclusion d'un contrat, n'y ayant figuré ni par eux-mêmes, ni par représentants, par opposition aux parties qui sont intervenues à l'acte.

Unités de compte Support d'un contrat dans lequel le montant de l'épargne et des garanties est exprimé par référence à des unités de placements, telles les actions de Sicav, de Fonds Communs de Placement ou de parts de SCI. Les unités de compte suivent les fluctuations des marchés financiers sur lesquels elles sont investies.

Valeur de rachat Elle est égale à la totalité de l'épargne disponible à un moment déterminé. La seule obligation de l'assureur est d'en définir la valeur minimale dans le contrat et d'en communiquer au moins une fois l'an à l'assuré la valeur réelle. Sur les contrats en unités de compte, cette valeur peut être connue de manière quotidienne ou hebdomadaire (notamment, via un serveur Internet) et communiquée à l'assuré sur un support papier chaque mois ou trimestre. Sur un contrat en euros et pour un support euros d'un contrat multisupport, elle est, généralement, connue et communiquée de manière annuelle ou semestrielle.

Vie entière L'assurance vie entière garantit aux bénéficiaires d'un contrat d'assurance-vie le versement d'un capital au décès de l'assuré quelle que soit la date de l'événement, puisqu'elle est valable jusqu'au décès. L'option vie entière, permet de majorer le montant transmis en cas de décès au profit des bénéficiaires désignés.

Index

Les chiffres renvoient aux numéros des pages

U

V

Photocompostion : SCM, Toulouse

Achevé d'imprimer en octobre 2002
dans les ateliers de Normandie Roto Impression s.a.s.,
à Lonrai (Orne)
N° d'impression : 022510
Dépôt légal : novembre 2002
705083 (1) BAB-Z 75g SCM

Imprimé en France